移民侵略

佐々木類
RUI SASAKI

IMMIGRANT INVASION

死に急ぐ日本

ハート出版

はじめに

世界を見渡せば、日本がいかに危機的な状況に置かれているかが見えてくる。

ロシアがウクライナ侵略を続け、ハマスがイスラエルへの大規模なテロ攻撃を仕掛けて第五次中東戦争どころか、第三次世界大戦に発展する恐れすら否定できない事態となっている。日本の隣では、経済成長と人口増加のピークアウトを迎え、手負いの虎と化した中国が軍事的、経済的な威圧を強め、台湾併呑の機会を伺っている。早ければ、台湾総統選、米大統領選のある二〇二四年にもその可能性はある。

不穏な兆候はトップ人事に表れている。秦剛外相や李尚福国防相が更迭された。中国の核ミサイルを運用する「ロケット軍」幹部二人も退任させられている。習近平国家主席のライバルで、ナンバーツーだった李克強前首相も六十八歳という若さで亡くなった。

自らが重用した人物を更迭するほど、政権基盤固めを再構築せざるを得ない習氏の脳裏には、台湾併呑を一刻も早く確実なものとし、終身主席に向けたレガシーづくりがあるのではないか。

二〇一三年九月十日、当時のオバマ大統領がシリアに関する演説の中で、「米国は世界の警察官ではない」と宣言した通り、米国はもはや、ウクライナ、中東、台湾という三正面作戦どころか、その一つ一つの事案にも正面から向き合うのが難しい状況に陥っている。イラク戦争に始まり、長期にわたったアフガニスタン戦争での疲弊による。

つまり、ウクライナとロシアの戦闘が激しさを増し、中東の戦争がハマスの後ろ盾となっているイランなどへ飛び火すれば米軍の力が分散し、それだけ台湾併呑を狙う中国を利する環境が整うのである。台湾有事は、日本有事を意味する。

明治時代の政治家であり、事業家だった後藤新平は一九二三（大正十二）年の関東大震災後、東北帝国大学の学生を前に「第二次世界大戦を直観」した講演を行った。それを収録した本に『国難来』（藤原書店）がある。一九一九年六月、敗戦国のドイツと勝者側の連合国が締結した四百七十カ条からなるベルサイユ条約が、ドイツを過酷なまでに追い詰める内容だったことを知った後藤は、ベルサイユ条約がむしろ、第一世界大戦の終わりではなく、第二次世界大戦の始まりを意味すると直観し、その災いはやがて日本にもやってくると警鐘を鳴らす内容だった。第二次世界大戦の終わりは、実は第三次世界大戦の始まりでもあったのではないのか。百年前の碩学の予言は、今を生きる日本人に今日性をもってこの国の進むべき針路を突きつけている。

振り返ってわが国の現状はどうか。少子高齢化による労働力不足を外国人労働者で補うため、移民推進に大きく舵を切り、多文化共生などと美辞麗句を並べて、そこで起きる治安や福祉などの問題を地方の住民に押し付けて、受け入れ側の日本人らを置き去りにしている。「国が外国人労働者を呼んでやったのだから、後は上手くやってくれ」と言わんばかりの無責任さだ。

政府や自治体は一様に、多文化共生などといっているが、一部の地域を除けば、実態は中華文化との共生である。日本にいる在留外国人約三百七万人のうち、約二十五パーセントを占め最も多い七十六万人が中国人である。

中国系企業に勤め、中国人上司にお茶を入れる。過酷なノルマを強いられ、それが達成できなければいとも簡単に解雇される。近所の高級タワーマンションには中国人の富裕層が住み、自治会費を払いたくないなどといって自治会には所属しないのに、地域の祭りなどの行事にはタダ乗りする。それでいて、団地内に違法菜園をつくり、それを注意されると「団地を乗っ取ってやる」などと逆切れする。

これはすべて、筆者が取材した先で目にし、耳にした事実である。伊豆・修善寺の中国系ホテルの日本人従業員がそうであったし、千葉市美浜区や埼玉県川口市のチャイナ団地の中国人住民がそうであった。多文化共生などと安易に口にする人は、一度現場を訪れて日本人住民の声を聞いたらどうか。

日本が戦後の高度経済成長期、「ウサギ小屋」に住んでいると外国から揶揄された際に生まれたとされるジョーク「最高の男と最低の男」を思い出す。ウサギ小屋とは、狭いという意味だけではなく、食事も排泄も一緒の部屋という意味がある。

「最高の男」とは、英国の豪邸に住み、米国企業に勤め、中国人の料理人を雇い、日本人妻を持つ男という。庭でキツネ狩りをするほどケタ違いの広さを持つ英国の豪邸に住み、能力至上主義により青天井で稼ぎを挙げることができる米国企業に勤め、美味しい中華料理に舌鼓を打ち、献身的な日本人女性を妻にする男である。

「最低の男」とは、日本の狭い家に住み、超過勤務が当たり前のノルマ至上主義のブラックな中国系企業に勤めて中国人上司に顎でこき使われ、味に無頓着な英国人料理人を雇い、逆ＤＶに走る暴力的なアメリカ人妻を持つ男だそうである。解説はいるまい。強いていえば、中国系企業に勤め中国人上司に仕える日本人の姿というのが、ジョークでも何でもなく、当たり前のことになってきたという当世事情である。

筆者は産経新聞九州総局長をしていた二〇一八年、鹿児島県奄美市に中国の大型クルーズ船寄港問題が起きてから、中国資本による日本の土地買収や観光客による爆買い、移住推進、医療保険タダ乗り問題などを定点観測し、必要に応じて取材してきた。

残念ながら、現状は、外国資本、とりわけ資金力に勝る中国資本の導入に躍起となる日本政府、経済界、地方自治体の積極的な誘致活動により、中国の巨大経済圏構想「一帯一路」に絡め取られてしまっている。騙されたことに気付いて、慌てて彼らと手を切ろうと思っても後の祭りだ。何しろ、相手は共産党の意向がすべてに優先する国家レベルの反社会勢力だ。合弁会社を解消するにも、中国から撤退するにも、税がなんだ、現地の労務条件がどうだと、中国共産体制特有の官僚主義的な小役人に窓口レベルで小突き回され、賄賂を要求された揚げ句に「身ぐるみ脱いで全部置いていけ」となる。本社で出世した先輩の敷いたレールの上を走っていたつもりが、いつの間にか、事業撤退の全責任を自分が負うハメになっていたりする。

首長も地方議員も、財界幹部も、「中日友好」「ウィン、ウィンの関係」などという中国側の甘言に騙されてはいけない。

大型クルーズ船などの問題を取り上げた二〇一八年の『静かなる日本侵略』以降、『日本が消える日』『日本復喝!』『チャイニーズ・ジャパン』『ステルス侵略』（いずれもハート出版）と毎年のように問題提起してきた。この間、二〇一九年三月に、健康保険を使える扶養親族を原則として国内居住に限ることを柱とし、健康保険の外国人タダ乗りを阻止する健康保険法が改正され、二〇二二年十月には、自衛隊基地の周辺や国境離島など安全保障上重要な土地の利用を規制する土地利用規制法が全面施行された。いずれも拙著で法整備を指摘してきたことだ。

不満が残る小さな一歩ではあるが、何もしないよりかはマシである。改正したり、法整備をしたりしても、それが万全でなければ、不断の見直しを図るべきである。国民や市民が問題意識を持ってどれだけ頑張っても立法する権限を持ちえない。それができるのは、国会議員だけである。だから国会議員には、与野党を問わず、その自覚と責任を持ってこの国の舵取りに当たってもらいたいものである。

本書では、中国への投資を呼びかける一方で日本人を理由も公表しないまま拉致、拘束する中国当局による「日本人狩り」や安全保障上、大きな懸念のある沖縄・離島を買収する中国系企業、日本をはじめ他国の主権侵害に当たる「非公式海外警察」による違法な活動実態、日本の国立研究機関に巣くう中国人研究者によるスパイ網、戦前日本による満蒙開拓団を彷彿とさせる中国式農場の関東平野への出現など、この一年間で顕在化した様々な事案を取り上げた。

本書を貫くテーマは、いつも通り「中国による静かなる侵略」であるが、今回はそれに加えて、大分県日出町を舞台としたムスリムによる土葬問題、埼玉県川口市で住民を震え上がらせる触法クルド人問題を新たに取り上げ、欧州各国が失敗した「移民政策」を日本が繰り返すことの愚かさを論考した。移民政策に寛容な姿勢を示すことこそが、リベラルで先進的な考えであるという、何となく日本に蔓延する浅慮や誤解も指摘した。

母国で経済的に苦しむ移民は、ひとたび他国の土を踏んだら、何代にもわたって渡航先の国で経済的な成功を目指し、決して帰国しようとしないものであることは、ドイツのトルコ系住民がそうであるし、フランスに移民したアフリカ系住民が教えてくれている。

同じことは日本にも言えるのだ。決して対岸の火事ではない。彼らが経済格差や社会的格差から「虐げられた」と感じる境遇への不満が爆発したとき、それは治安の悪化という形で噴出するし、日本人住民との決定的な軋轢となって社会問題化するのである。

筆者は、多文化共生を否定するものでもないし多様性を否定するものでもない。ただ、多文化共生は他文化強制であってはいけないし、それは、移民にとっても、受け入れる側にとっても不幸なことであると言いたいだけだ。

政府や自治体は、後先考えているようには見えないほど軽々に多文化共生とか多様性を尊ぶ素晴らしさを口にし、スローガンを掲げて市民に理解を呼びかけるが、誤解を撒き散らかしているように思えてならない。

多様性の尊重とは、出身国や地域は多様であっても、ひとたび、日本に住む以上は日本のルールと慣習を守る移民を日本人と同様に尊重することである。同一化だ。筆者が六年ほど住んだ米国がそうだった。南部テネシー州でも、首都ワシントンでも、それこそ移民のるつぼで自分も含めて多種多様な人々が暮らしていたが、そこに住む以上は米国のルールを守り慣習を大切にしたし、それが求められた。

米国の市民権を得ようとなると、もっと厳しく、合衆国修正憲法の主要な箇所をそらんじ、星条旗に忠誠を誓うのは当たり前だ。

日本にも良い見本がある。ラグビー日本代表などだ。出身はさまざまだが、ひとたび日本代表の桜のジャージーに袖を通せば、試合前には君が代を口にして、日の丸に敬意を示す。当たり前のことではあるが、多様性、多文化共生の理想的な姿がそこにある。卓球日本代表の張本智和選手などは、両親は中国四川省出身だが、日の丸を背負って日本のみならず、世界の卓球界を牽引している。素晴らしいではないか。仮に張本選手が、日の丸をつけたユニフォームを着て世界選手権の大舞台で、「国籍は日本だけど、心は祖国中国にあるから、中国選手に負けても構わない」などと言ったらどうなるか。多くの日本国民から激しい反発の声が上がるだけでなく、帰化した人たちに肩身の狭い思いをさせるだろう。同様に、アメリカで米国籍を取得し、「国籍は米国だが、心は日本にある。アメリカに忠誠は誓えない」などと言ったら米国民からどう見られるか。

残念なのは、これとは逆に、日本の法律を守らず慣習も学ぼうとしない不法滞在の外国人らにも基本的な人権があるとばかり、受け入れ側の日本人にばかり、「あれをしろ」「これをしろ」と要求してくる姿勢が日本の行政サイドにあることだ。

それは地方自治体にみられる多文化共生指針などの類である。こういう残念な姿勢は、受け入れ側の日本人の不平不満を鬱積させるだけである。嘘だと思う人がいるのであれば、クルド人の騒音などに悩む川口市の住民に話を聞いてみたらよい。

外国人に問われるのは、遵法精神であり、日本社会で安心して平和に暮らす意識の有無である。まずは、国会議員が率先して移民の意味を語ってみてはどうか。語る以上、公人として自分のルーツを明らかにすべきである。移民国家の米国では、連邦議会では少なくとも出自の分からない議員は一人としていない。みな、プロフィールで明記している。

これに対し、今の日本の政界は、帰化しても出身国を隠したまま国政選挙に出馬し、議席を得ている議員が誰であり、何人いるかがまったく分からない。移民であることをなぜ隠そうとするのか。国の先頭に立つべき国会議員がそれでは、一般の移民がこの国で堂々と暮らすことなど、できようはずがない。帰化したことを明らかにして国政に議席を得ることは悪いことでも何でもないし、法的に問われるべきことではまったくない。それを理由に得票できないというのなら、それは議員個人の資質の問題であり、帰化して日本人として暮らす人々に対して失礼であろう。好むと好まざるとに関わらず、日本は移民国家としての道を歩み始めている。それは在日外国人の最大多数を占める中国人ら、中華文化との共生を意味する。日本に限らずどこの国でも同じだが、不法滞在者でもない限り、その国に移り住んで平和に暮らしている人たちに母国へ帰れとは言えないし、言う権利もない。言ったらそれは人権を侵害するし、排外主義につながる。

大量の移民受け入れはもってのほかだが、外国人労働者という人手不足を補う移民の受け入れについても、今後、もっと慎重にすべきなのは言うまでもない。ただ、すでに来日した外国人を移民として受け入れた以上、かくなる上は、善良な外国人、とりわけ多い中国からの移民と共生しながら、中国共産党による「静かなる侵略」にどう対峙していくのか。それが今、日本と日本国民に問われているのである。あきらめるのは、たやすい。

ドイツの神学者、マルティン・ルターはこう、語った。

「たとえ世界が明日滅びるとしても、私は今日もりんごの木を植え続ける」

目次

第二章　乗っ取られる離島

第三章　闇の警察署「闇警」

第四章　狙われている日本の知的財産

第五章　関東平野に「中国式農場」

第六章　「移民大国」日本で顕在化する矛盾

第一章　日本人狩りの恐怖

■狙われる「中日友好人士」

林芳正外相（現官房長官）は中国が仕掛けた罠にまんまと乗せられてしまった。そう思わざるを得なかったのが、二〇二三年四月一日から二日間の日程での中国訪問だった。なぜなら、直前の三月二十五日、アステラス製薬の現地法人幹部の五十代の男性（A氏）が中国当局に身柄を拘束されたことが発覚したからである。これに対し、直接会って抗議し、早期の解放を求める選択肢を頭から否定するものではない。

しかし、林氏が中国の秦剛外相（当時）に抗議の意思を伝えたところで、中国側が政治的意図を持って林外相の訪中直前というタイミングでA氏を拘束した可能性がある以上、「はい、ご説ごもっとも。早めに解放いたします」と言うわけがない。林氏は訪中をキャンセルすべきではなかったのか。林外相の訪中を前にした日本側への外交的な揺さぶりだった可能性が濃厚だ。

しかも、三月の全国人民代表者会議後に就任したばかりの李強首相や外交担当トップの王毅共産党政治局員（現、兼外相）への表敬訪問では、日本人が反スパイ容疑という事実関係不明の容疑で拘束されている中、林氏は満面にこぼれんばかりの笑みをたたえる始末である。日本ではほとんど放映されなかったが、この情けない写真や動画は、台湾メディアによって世界中に配信された。

今回拘束されたA氏を含め、今も拘束されている五人や、かつて濡れ衣同然の容疑で起訴されて刑期を務めた人が見たら、怒り心頭に発するのは間違いない。

また、外交上の問題もある。李氏や王氏とはしゃぎながら握手する林氏の表情が、同盟国の米国やQUAD(クアッド)(日米豪印の枠組み)などの友好国に対し、「日本は信用できない」というメッセージとなって伝わったとしたら、損なわれた国益は計り知れない。中国にいったい、何をしに行ったのか。ただでさえ、親子二代にわたって日中友好議員連盟の会長を務めるなど媚中的な姿勢が疑われる中、手ぶらで帰国した林氏には猛省を促したい。

拘束されたアステラス製薬のA氏は、二〇二三年十月十九日、正式に逮捕されたことが中国当局によって発表された。ここでA氏がどういう人物だったのかを振り返るとともに、「人質外交」の挙に出た中国側の意図や手法について考察してみたい。A氏は中国滞在歴が通算二十年を超え、日系企業団体でつくる「中国日本商会」の副会長も過去に務めていた。医薬分野を中心に中国の当局者や企業幹部とも交友が深かったという。A氏の人となりについて、筆者が北京に駐在した経験のあるマスコミ関係者やビジネスマンなど心当たりの人々に聞いてみると、「歯に衣着せぬ発言の人」とか、「北京の日本人コミュニティでは、中国共産党を最もよく知る人物として、ドン（首領）のように振る舞っていた」などの評が耳に入ってきた。

A氏は今年三月に駐在期間を終えて帰国予定だったが、その直前に身柄を拘束された。中国外務省の毛寧報道官は三月二十七日の記者会見で、A氏の拘束理由について、「スパイ活動に関与し、反スパイ法などに違反した疑い」と述べたが、詳しい事実関係は語らなかった。それはそうだろう。この時点では単に疑わしいから拘束したのであって、容疑事実が固まったから逮捕したわけではないのである。毛氏は「近年、日本国民の類似事件がたびたび起きている。日本側は自国民への教育と注意喚起を強化すべきだ」とも語っている。いかにも中国共産党らしい、上から目線の物言いである。毛氏には熨斗を付けてこう返したらどうか。

「近年、中国当局は不当にも、日本国民を誘拐、拉致する拘束事件をたびたび起こしている。党指導部は公安当局に対し、恣意的な拘束は自らの国を貶める行為であることを自覚し、こうした蛮行をやめさせるべきだ」

留意したいのは、拘束された日本人に共通点があることだ。多くが中国共産党に幅広い人脈を持ち、自らも親中派を自覚しているケースが少なくなく、中国側からも「中日友好人士」と目されていたことである。北京市内の日本人コミュニティでA氏がまさにこの部類の人物として一目置かれる存在であったことは、先に述べた通りである。幅広い人脈が意味するのは、裏を返せば、A氏らがこのネットワークの中にいて絶えず当局の監視対象になっていた事実だ。日本に潜伏する工作員の監視情報から日本の公安関係者との接触にも注意を払い、日本に対して外交的な揺さぶりをかける必要性やA氏らの持つ情報を強奪する必要性を感じるなど、「ここぞ」というタイミングで拘束されるのが「中日友好人士」の宿命でもあるのだ。

想起するのは五年前、中国とのビジネスに傾注してきた大手商社、伊藤忠商事の四十代の男性社員が拘束された一件だ。広東省広州市で二〇一八年二月、国家安全当局に拘束され、中国刑法の「国家の安全に危害を与えた罪」で懲役三年の実刑判決を受けた。男性は二一年二月に刑期を終えて帰国した。具体的にどのような行為が有罪と認定されたのかは公表されていない。伊藤忠の場合、社員の拘束から一年以上、「事実関係を確認中」として拘束された事実を明らかにしなかった。黙っていれば、社員が早期に帰国できるとでも考えたのだろう。これは日本の外務省にありがちの発想だが、公表すれば中国側を刺激し、かえって帰国が遅れるという発想である。確かに公表すれば中国当局を硬化させて、帰国できるものも帰国できなくなる恐れがないとは言えない。

だが、一つはっきりしていることは、公表しなければ日本政府、なかんずく、外務省はいつまでたっても日本人の救出に本腰を入れてくれないということだ。公表すれば世論を背景に、日本政府も動かざるを得なくなる効果は期待できる。

伊藤忠といえば、人脈や経験を買われて社長などを歴任した丹羽宇一郎氏が、民間初の駐中国大使を務めたこともあった。伊藤忠商事はなおのこと、この時の外務省は中国に対し、毅然とした姿勢を示すべきであるのに及び腰の印象が際立った。

二〇一五年以降、A氏のほか、「日本地下探査」の男性社員や北海道大学の教授ら、多くの日本人が拘束されている（表参照）。

■悪夢の居住監視制度

中国共産党は知られている通り必ずしも一枚岩ではない。幅広い人脈といっても、交流する相手次第で政争に巻き込まれる可能性もある。例えば、十四歳から二十八歳までの若手エリートを擁する中国共産主義青年団（共青団）がある。また、党の高級幹部の子弟らで特権的地位にいて、中国の政財界に大きな影響力を持つ太子党と呼ばれる勢力もある。「親の七光り」である。前者は三月の全国人民代表者会議ではずされた李克強前首相がそうであるし、後者は言わずとしれた習近平国家主席の一派である。この政争に巻き込まれた可能性があると証言するのが、元日中青年交流協会の元理事長、鈴木英司氏（六十六）だ。鈴木氏へのインタビューは一問一答形式で後述する。

二〇一六年に反スパイ法違反などの容疑で北京市内の空港で拘束され、昨年十月に六年余りの服役を終えて帰国した。自他ともに認める中日友好人士であり、今でも自身のことを親中派と語る。アステラス製薬のA氏が拘束された事件が発覚したのを機に、鈴木氏に会って拘束の実態について直接聞くべきだと思い、連絡をとった。鈴木氏とは面識がなかったが、突然の依頼にもか

2015年以降、中国当局に拘束された日本人

2023年10月現在
金額は当時のレート

2015年	5月	神奈川県の男性	遼寧省	スパイ罪等で懲役5年	帰国
		愛知県の男性	浙江省	スパイ罪等で懲役12年など	
	6月	札幌市の男性	北京市	スパイ罪で懲役12年 20万元(約327万円)没収	2022年2月 北京市内 で病死
		新宿区の日本語 学校幹部の女性	上海市	スパイ罪で懲役6年 5万元(約82万円)没	帰国
2016年	7月	鈴木英司氏	北京市	スパイ罪で懲役6年 5万元(約80万円)没収	帰国
2017年	3月	日本地下探査の 男性社員	山東省	国家機密を窃取した 罪などで懲役5年 3万元(約48万円)没収	帰国
		大連和源温泉 開発の男性社員	海南省	国家機密を不法に入手した などの罪で懲役15年 10万元(約160万円)没収	
		日本地下探査の 社員など男性4人	山東省 海南省	解放	帰国
	5月	四国の 会社代表の男性	遼寧省	スパイ罪で懲役5年6月 20万元(約320万円)没収	帰国
2018年	2月	伊藤忠商事の 男性社員	広東省	国家安全危害罪で懲役3年 15万元(約230万円)没収	帰国
2019年	7月	50代の男性	湖南省	国家安全にかかわる 違法行為で懲役12年	
	9月	北海道大学の 男性教授	北京市	2019年11月に解放	帰国
2021年	12月	50代の男性	上海市	スパイ容疑で 2022年6月に逮捕	
2023年	3月	アステラス製薬の 50代男性幹部社員	北京市	スパイ容疑で拘束 10月に正式逮捕と 中国当局が発表	

出典・鈴木英司氏著「中国拘束2279日」(毎日新聞出版)など

著者のインタビューに応じる鈴木英司氏（撮影：著者）

かわらず取材を快諾してくれ、四月三日午後、都内で話を聞く機会に恵まれた。鈴木氏は帰国後、拘束の経緯や監禁の実態などについて、さまざまなメディアで語っている。ここでは他のメディアが詳しく取り上げていない重大なポイントに絞って問題点を紹介したい。

中国特有の居住監視制度だ。二〇一二年に刑事訴訟法が改正され、裁判所による逮捕令状がなくても当局による拘束を可能とする、司法の名に値しない前近代的な制度である。改正したのは刑事訴訟法第七十三条で、「指定居所監視」という項目を追加した。「疑わしきは罰せず」というのが民主国家における司法の精神だが、「疑わしきは拉致してしまえ」というのだから、もう何でもありだ。鈴木氏は七カ月もの間、居住監視という名の下、劣悪な環境で監禁されていた。

鈴木氏が「太陽を見たのは一度だけ。カーテンで閉め切った部屋には監視員が交代で見張りを続けていた。電灯は二十四時間つけっ放しだった」と語る。鈴木氏も大変だが、監視役の当局担当者もごくろうなことである。複数による交代制とはいえ、何も話さず、ただただ、鈴木氏を見張っているのだから、それはそれで気が滅入ってくることだろう。

鈴木氏は、「居住監視の間に助けてもらえなければアウト。逮捕されたら間違いなく起訴される。反スパイ法違反だと、場合によっては死刑を含む重刑を科せられる。とんでもない人権侵害を平然と行っている」と憤慨する。この改正刑事訴訟法の二年後に施行されたのが、悪名高い反スパイ法だ。中国人同士の密告を奨励し、二〇一四年に施行されてから、一五年以降、鈴木氏やA氏を含めて十七人の日本人が拘束され、一人が獄死、十一人が刑期を終えて帰国した（図表参照）。五人はまだ拘束されたままだ。

二〇二三年三月の全国人民代表者会議で反スパイ法を改正し、強化していく方針が決まり、七月に施行された。従来の「国家機密の提供」に加え「国家安全保障に関するあらゆる文書やデータ、資料、記事を含む国家機密の所持」を新たにスパイ行為の対象とした。

反スパイ法の要件は、外国勢力による中国政府の機密の入手や中国人に対する「そそのかし」などだ。問題は、「その他のスパイ活動」という部分で、あいまいな文言が恣意的な運用の温床となっている。インターネットで公開情報にアクセスしただけでも当局の恣意的な判断でスパイ認定されるリスクがある。中国側関係者との他愛のない雑談も摘発対象になりかねない。

改正反スパイ法の施行により、今後、拘束される日本人が今まで以上に増えていくことが予想される。日本に帰国する際には一人で空港に行かないなど、拘束を防ぐ方策もなくはないが、拘束するかしないかは相手の胸先三寸で、防ぎようがないのが実情だ。

習近平国家主席は、中国共産党による司法の統制を意味する「党の全面的な法治国家の指導」

を掲げている。つまり、共産党が国内法の上位にある異常な社会が今の中国なのである。鈴木氏のときもそうだが、Ａ氏がスパイ活動に関与したと言いながら、中国当局が容疑事実を明らかにしない以上、恣意的に拉致、拘束した可能性が否定できない。

身柄の拘束から判決まで、根拠となる事実を公にしないまま、人身の自由を奪う。それが今の中国共産党政権である。もっとも、捕まえた後に、でっちあげに近い形で容疑事実に関する調書を作成していくのだから、居住監視下においた際、根拠となる容疑事実など公表できようはずもあるまい。こんな人権侵害を断じて認めるわけにはいかないのだ。

■「地獄を見た男」へのインタビュー

★写真：鈴木さん

先にも触れた通り、鈴木氏へのインタビューは以下の通りだ。

佐々木（以下――）鈴木さんは二〇一六年七月、北京国際空港で突然、スパイ活動をしたとして当局に拘束され、懲役六年の実刑判決を受け、刑期満了の末、昨年十月に帰国した。中国で拘束・留置された人たちの多くが帰国後は沈黙する中、鈴木さんは『中国拘束２２７９日　スパイにされた親中派日本人の記録』（毎日新聞出版）を出すなど積極的に発言しているが、その理由は

鈴木氏　なぜ私が捕まったのかを中国側は公式に発表していない。だから、私がなぜ中国当局に拘束されたのかを他の人に分かってもらいたいからだ。自分は無罪だとわかっているから隠すことはない。こうやって話すことが私の権利だし、義務だと思っている。中国共産党の正統性は経済発展にあるわけだが、いまは人権を犠牲にして経済発展して、それで満足している。これは決して良いことではない。私は帰国したが、それは六年の刑期が終わったからであって、日本外務省が私を取り戻してくれたわけではない。外務省は確かに私の身の回りのことはやってくれた。そこは感謝している。だけど、解放のために何をやってくれたのか。傍から見ても、何もやっていない。やはり外務省、日本政府のやり方には問題がある。弱腰だ。

――反スパイ法が改正され、二〇二三年七月から施行される

鈴木氏　今後、今まで以上に日本人が捕まる可能性が高まる。問題なのは、日本人が拘束された後にどうやって救出するのか、外務省にノウハウがないことだ。政府も国会議員もこの問題に取り組んでほしい。

――鈴木さんが拘束された理由は

鈴木氏　拘束された際、令状があるのかと聞くと、私をスパイの疑いで捕まえると書いた紙を見せられた。当時の北京市国家安全局長の名前があった。でも、これは裁判所の文書でも何でもない。私を捕まえるための「許可証」に過ぎない。だって、正式な逮捕状

が出るのは、後で説明する「居住監視」が終わって、逮捕されるときだけだから。帰国前に渡された起訴状によると、私が二〇一〇年から二〇一六年にかけて、中国政府が「スパイ機関」と認定している公安調査庁に私が情報を提供していたという罪状だった。二〇一三年十二月四日に、北京市内のレストランで元在日本中国大使館公使参事官の湯本淵氏と面談した際、私が湯氏から中朝関係に関する情報を聞き取り、その情報を公安調査庁に提供したというのだ。だが、私が湯氏に聞いたのは、会食の前に見た、北朝鮮の金正恩氏の叔父である張成沢氏が処刑された疑いがあるというニュースのことだ。世界中で流れていたニュースだから、普通に「どうなんですか」と聞いただけだ。湯氏は「知らない」と答えただけだ。公安調査庁と付き合いはありましたが、金銭をもらったことはない。起訴後、湯氏に再会する機会があった。裁判所の待機所で湯氏は私に対し、「公安調査庁にはスパイがいます。日本に帰ったら必ず公表してください」と声を潜めて求めてきた。

――居住監視はどのような状況か

鈴木氏　夜も電気を消さず、黒く分厚いカーテンが閉まっていて、外を見ることもできない。七カ月の居住監視で太陽を見られたのはたった一度だけ。地図にも載っていない。

――鈴木さんの場合、領事面会はすぐに行われたのか

鈴木氏　日中領事協定では、拘束から四日以内に日本側に通報しなければなりません。大使館

は通知を受けた後、中国当局といつ領事面会をするのかを協議するのですが、中国がダメだといえば面会できない。日本大使館側が面会したいといっても、中国側が拒否すればいつまでたっても会えないわけだ。極端に言えば、永遠に会わないこともありうる。

——日本大使館の対応はどうか

鈴木氏　最初に面会に来た亀井啓次領事部長は、「何でも言いつけてください」と言ってくれたので、自分が知っている国会議員と新聞記者の名前を出して、私がこういう状態にあることを連絡してくれと、ダメ元でお願いした。ところが、領事部長は「伝える必要はないのでは？」と言う。「あなたの名前は全国に知れ渡っていますよ。これ以上、有名になりたいんですか」と叱られた。居住監視の段階で私のことが知られれば、逮捕されないかもしれないと考え、藁をもつかむ思いだったのに、あのような対応をされたことは今も許せない。帰国後、伝言を託した政治家や記者に確認したが、伝言は届いていなかった。

■一人で行動しない

——二〇一六年七月十五日、北京の空港で拘束された時の状況は

鈴木氏　私はそれまで二百回以上、訪中していた。午後五時半の飛行機に搭乗して帰国するため、午後三時半にタクシーで空港に着いた。このタクシーも今にして思えば中国当局が手配したものだったのだが、タクシー降り場に着くと、Tシャツやポロシャツを着たガラの悪い男たち五、六人の姿が目に入った。横を通り過ぎようとしたら、「お前が鈴木か」と聞かれた。「そうだ」と答えた途端、あっという間に白のハイエースに連れ込まれた。目隠しもされた。拘束された一カ月前も空港に行っているが、その時は何人かと一緒だった。拘置所にいた中国人に聞くと、中国人の場合は、一人だと突然後ろから蹴飛ばされたり、羽交い絞めにされたりして拘束されるそうだ。拘束された人は皆一人の時だった。アステラス製薬のA氏も一人でいたと思う。

――鈴木さんといい、A氏といい、親中派の「日中友好人士」の拘束が目立つ

鈴木氏　私は一つの生け贄というか、さらし者なんだと思う。ほかの中日友好人士が少しでも近づかないようにという警告だ。中国から日本に情報が流れないようにしたいんだろう。日中関係はどうだとか、中国の政治情勢に関する情報が日本に伝わるのが嫌なんだと思う。私が中国側の大臣級や副局長級と会っていることが、安全局にとっては耐えられないことなんだろう。私は拘束された中では比較的名前が知られた方だから、私をターゲットにすれば、ほかの日本人の足を遠ざけることができると思ったのではないか。

北京市国家安全局の点数稼ぎという気もする。私は共青団とすこぶる関係がよかった。共青団の施設に行くと顔パスだった。そんな鈴木を共青団は自由にさせてかわいがっているのはとんでもない、と思われたのではないか。つまり、共青団に対するけん制として使われた側面もあったのではないかと思う。習近平が共青団を疎外したことをみればわかる。私は共青団出身の李克強前首相と二回会っている。

――権力闘争に巻き込まれた面もあるのではないか

鈴木氏 あるだろう。私は中国共産党の外交窓口である党中央対外連絡部（中連部）もフリーパスだった。共青団は「さすがは鈴木さんだ。中連部を一番よく知っている」と持ち上げ、逆に中連部も「共青団をよくご存じだ」と言ってくる。誰かに言わせると、私は知り過ぎた人間ということになる。

――日本だと安心か

鈴木氏 日本にもたくさん中国の工作員がいる。拘置署で一緒だった元安全局の人間から聞いている。中国の共産党員がどれだけ党に忠誠を誓っているか、日本人は想像できないだろう。今や在日中国人の数は令和四年末現在、約七十六万人いる。中国華僑連合会は中国共産党の組織で世界に三千六百万人いる。中国国内の共産党員は九千六百万人だ。暴言ととられてもいいが、共産党員は党のことなら何でもやる。例えばの話、日中が戦争状態になったら、日本にいる中国人は、本国からの指令があればどうすると思うか。親中派と言われる私が言うのもおかしいし、昔はこんなことは絶対に言えなかったけど、大変なことになる。警備をどうするかということを考えても恐ろしい。欧米諸国など民主的な他の国の人が来ているのとは違う。あれだけ中国共産党に忠誠心を持った党員が日本に来ている、それも大量に。

――中国には国防動員法があり、外国にいる中国人にも動員を求める

鈴木氏　身の毛がよだつ。本当に怖い。だから、ケンカできない。危険な国だから、言いたいことを言い合いながら、付き合っていくしかない。おべっかを使う必要はないが、文句を言いながら付き合うしかない。怖い国ということを前提に考えてほしい。

――最後に、林芳正外相が四月上旬に訪中した。日中外相会談をどうみたか。

鈴木氏　助けるために訪中したとかは、ありえない。外交日程はずっと前から決まっている。今回、拘束された日本人の解放を求めるために訪中するというのであれば、中国は受け入れない。それに、中国側の答えは決まっていて、彼らにすれば法律違反なんだから絶対に返さない。中国はそんな、やわな国ではない。中国通と自認する林外相の格好付けではないだろうか。

■元警視庁公安捜査官は語る

日本の専門家は、A氏が拘束された今回の事件をどう見るか。元警視庁公安捜査官で、日本カウンターインテリジェンス協会代表理事の稲村悠氏に四月三日、都内でインタビューに応じてもらった。日程調整の都合で鈴木英司氏に会ったのと偶然、同じ日となった。

稲村氏は、警察学校を首席で卒業し、同期生で最も早く警部補に昇任したエリート中のエリートだ。元公安部捜査官として、カウンターインテリジェンス（スパイ対策）の最前線で、多くの諜報活動の取り締まり及び情報収集に従事し、警視総監賞など多数を受賞した元敏腕捜査官でもある。刑事としても、強制性交事件や強盗致傷事件など多くの凶悪事件を担当した。

退職後は、大手金融機関における大規模会計不正や品質不正に係る不正調査にも従事し、捜査経験を活かした社内調査に関する多くの知見を有するほか、大手コンサルティング会社において各種企業支援コンサルティングに従事している。

現在は、その希有な経験から得た知見を民間に還元するとともに、カウンターインテリジェンスを全国に広めるべく、安全保障分野研究者やサイバーセキュリティ専門家とともに日本カウンターインテリジェンス協会を設立、自ら代表を務め、広く民間に諜報活動やサイバー攻撃への対策に関する警鐘を鳴らす活動を進めている。

――稲村さんは元警視庁公安捜査官という経歴だが、具体的にどのようなことをしていたのか

稲村氏　警視庁では刑事と公安部の両方を経験した。刑事は死刑や無期懲役に関する凶悪事件を担当し、公安では、外事を担当、主に中国の留学生や北朝鮮のスパイ関係を調査しました。

――実際に中国からの留学生は年々増加傾向にある。彼らの中に、中国共産党とつながっている人物がいてもおかしくない

稲村氏　私の場合は、中国人留学生の親睦団体である学友会を通じて国費で日本に来ている留学生に駐日中国大使館職員が接近する状況を目の当たりにした。学友会のトップを中心に、どんなメンバーがいるのか、大使館職員と接触している人物が誰かをあぶり出すこともした。身辺調査で自宅まで尾行したり、情報収集のため、学生のSNSで発信している内容を絶えずチェックした。そこに重要な情報が眠っていることも少なくなかった。

――ところで、中国で日本人が拘束される事件が頻発している。最近ではアステラス製薬のA氏が中国当局に身柄を拘束された。どう分析しているか

稲村氏　次の三つの観点が考えられる。一つは、中国による正当なスパイ行為の摘発だ。欧米諸国はじめ主権国家であれば、どこの国でも行使する当然の行動だ。日本も窃盗など現行法を駆使して対応しているが限界がある。安全保障上の観点から、きちんと定義されたスパイ防止法の制定が必要だ。スパイ防止法があれば、日本の捜査当局も、ふ

だんは泳がせていた工作員の身柄を拘束することで、「人質外交」を展開する中国当局を牽制し、拘束されている日本人の解放につなげることも可能となろう。

二つ目は「見せしめ」だ。これには、外交カードとしての側面と、日本のインテリジェンスコミュニティ（公安関係組織、情報組織）に対して圧力をかける警告という二つの側面がある。前者の場合、先進首脳7か国（G7）広島サミット前で日本を牽制した可能性がある。林氏の訪中に対する揺さぶりだった可能性もあろう。後者の場合、突然の身柄拘束という強い姿勢を内外に示すことで、中国における情報収集には危険が伴うことを知らしめる効果がある。

三つ目は、中国自身が欲しい情報を収集するための拘束だ。A氏を帰国直前に捕まえたのは、ビジネス上の機密情報が詰まったパソコンや資料を日本に持ち帰られる前に抑えてしまうためだ。帰国時に拘束することで、重要な情報を持った日本人を拘束し、非常に良い情報を効率的に収集できる。

A氏の拘束について、中国人ジャーナリストの周来友氏は、「武漢ウイルス研究所に関することなど、A氏は新型コロナとワクチンで中国がひた隠す相当深い情報を持っており、口封じのため拘束されたのではないか」との見解を述べている。

――鈴木英司氏やA氏のような「日中友好人士」と言われる人たちが狙われている

稲村氏　本人はスパイなどという自覚はないだろう。むしろ、日本と中国の橋渡しをしたいと考えている。鈴木氏やA氏の場合は分からないが、一般的には、公安にも情報を渡しつつ、一方で、公安の情報を中国に提供することもある

――日中双方から、コードネームをつけられている場合もあるのではないだろうか

稲村氏　結局、日本の行政機関や公安の関係者がスパイであるかどうかは、相手国が決めることであって、こちらで決めることではない。協力者として情報を公安に伝えていたとしたら、中国からするとスパイ認定されても仕方がない。そういう意味でも、日中間のコミュニティにおいても、複雑な事情が絡んでいることが垣間見える。

――中国当局による日本人拘束事件は、習近平政権以降、頻発している

稲村氏　習近平政権は「政治や軍事、スパイ対策など幅広い分野を対象とした総体国家安全観」を提示しており、「体制の安定」が明示されている。体制の安定を望んでいると同時に、いつ何が起こるかわからない恐怖を感じているのだろう。体制を脅かすとみた存在は躍起になって潰している。

――二〇二三年七月に改正反スパイ法が施行されるが、〝日本人狩り〟がさらに加速される恐れがある

稲村氏　改正法では、国家安全に関わる文書やデータ、資料、物品を違法に取得する行為などをスパイ行為の対象に挙げている。ほかにも政府機関などへのサイバー攻撃を反スパイ法適用範囲の対象にあげているが、文書やデータが具体的に何を指すのかは明示さ

れておらず、恣意的な法運用の余地が拡大したと見て間違いない。

——日本人のみならず中国人の拘束も相次いでいる。共産党系の中国紙「光明日報」で論説部副主任を務めていた董郁玉氏が、北京市内のレストランで日本大使館員と食事している最中に拘束された

稲村氏　この際、中国当局は外交官の身分を保障したウィーン条約に反し、日本人大使館職員の身体を一時的にせよ、拘束した。こんなことが続くようだと、中国ではまともな情報収集ができなくなる。個人としては常に監視されていることを意識すべきだ。二〇二二年、ロシアがウラジオストクで日本総領事館員を拘束したことがあったが、拘束するまではずっと泳がせる。会食の場所もすべて把握したうえで、捜査官などを配置し、証拠を完全に押さえたうえで拘束する。董氏も長期間、監視されていたのは間違いない。

■中国を恐れて身内を見捨てる日本の大学

——北海道教育大の元教授で中国籍の袁克勤氏が二〇一九年、中国に一時帰国した際に突如拘束され、起訴された。袁氏は一橋大学に在籍中の一九八九年に天安門事件が起きた際、民主化を支持していたと言われている。中国サイト運営会社「網易（ネットイース）」が、袁氏

について取り上げたが（三月十六日付）、袁氏は中国に帰国した際の講演会で、戦前の日本は被害者だったかのような擁護論を話していたので、「漢奸罪（裏切り行為）」に当たるから逮捕されるのは当然だと書いている。袁氏の長男、袁成驥氏は日本で「袁克勤教授を救う会」とともに救援活動を続けている。私も二〇一九年、行方不明となった袁氏について、北海道教育大学に問い合わせたが、知らぬ存ぜぬだった

稲村氏　北教大は声を上げるべきだ。ただ、大学側も中国側に強く抗議すると、留学生を送ってこないと恐れているから、大きな声は上げづらいのではないだろうか。企業も同じだ。中国との関係が切れたら、商売にならないのでチャイナリスクには目をつぶる。

三月初旬には、香港の女子留学生が身分証を更新するために香港に一時戻った際、「国家の分裂を煽動した」として、国家安全維持法違反の容疑で逮捕された。国安法の初の域外適用である。だが、日本のメディアは実に消極的だ。産経新聞で東大教授の阿古智子氏（四月二十一日付）と、矢板明夫台北支局長が取り上げた程度（四月十九日付）である。松野博一官房長官は会見で、「関心を持って注視しているが、事柄の性質上、コメントは差し控えたい」と述べたが、発言は通り一遍に過ぎず、事態の深刻さを理解しているとは思えない。中国のことになると、日本政府は必ず、「事柄の性質上」という言葉を使う。とても使い勝手が良いのだろうが、どういう事柄のどういう性質なのか、松野氏は説明すべきである。

――ところで、中国当局に拘束されないための有効な対策は

稲村氏　いつものことだが、中国絡みの日本人拘束事件になると、日本政府はむにゃむにゃ言うだけ。拘束されないための有効な対策ということだが、原則「行かない」こと。難しければ、中国に行っても「余計なことを言わない」こと。とにかく「油断大敵」だ。ウイグル、チベットなど、中国が敏感になっている問題は何か、それについて話したら拘束されるのではないか。そういうアンテナを張ることが重要だ。実はコンサルの関係で世界的な日本の大企業に勤めている社員にチャイナリスクを説明したことがあったが、社員一同、「そんなに恐ろしいところなんですか」と大変驚いていた。でも、私は逆に彼らの反応を見て驚いた。どこまで能天気なのか、こんなに認識不足なのかと。その企業はコンピュータ関係で南京大学と共同研究しているが、重要な機微情報もすべて筒抜け状態だ。

――日本企業の危機感の希薄さにはあきれる。最近、大企業のOBが集まる東京・丸の内の日本工業倶楽部で講演した際のことだ。講演後の懇談で、彼らがまだ若くて現場にいた頃、かつての上司から「中国には戦前、日本は悪いことをしたのだから、技術援助してあげるのは当然だ。技術はむしろ積極的に提供しなさい」と言われたそうだ。要するに贖罪意識に染まっている

稲村氏　ある中小企業の社長も、まさに同じことを言っていた。軍事転用が可能な技術を中国に不正輸出していたことで、とある製造会社のトップ三人が逮捕された。先代の社長は「戦争中、中国に悪いことをしたから、恩返ししないといけない」と言っており、その教えが脈々と受け継がれていた。

――日本国内におけるスパイは、スパイ防止法がないため、窃盗や公正証書偽造違反などで摘発するしかない。豪州では、二〇一八年、スパイ関連防止法が成立している。そのときの政権は、親中政権と言われたターンブル政権だったが、中国のやり方に危機意識が高まり、豪州内の国民世論に抗しきれなかったのだろう。他にも就労ビザの発給条件の厳格化、外国の投資への規制強化を進め、外資への農地などの売却にあたっては、国益に反しないこと条件づけている

稲村氏　スパイ防止法も必要だが、中国は合法的に目に見えないステルス侵略をしてくるから、それに応じた対抗策を講じる必要がある。

――中国共産党の手口は実に巧妙だ

稲村氏　中国のやり方としては、日本企業を買収する方法が一般的だ。投資を仲介する企業を通じて入り込んでくる場合もある。人民解放軍関係者が、日本で貿易会社やIT企業を隠れ蓑として運営している場合もある。中国共産党の工作機関の指揮命令下のもと、影響力を持つ日本のビジネスマンとネットワークを構築している。メディア関係者や

役人などを中国に訪問させ、親中派に仕立てあげたりもしている。

――上海電力も同じ手法で日本に入り込んでいる。二〇〇六年の会社法改正で、一定の条件さえ満たせば誰でも簡単に設立できる合同会社を隠れ蓑に、日本企業をどんどん買収し、土地を占有している。山口県岩国市がメインターゲットにされているが、地元民はわざわざ謄本を取り寄せてまで実態把握などしないから、日本企業が開発していたと思ったら、いつの間にか主体が上海電力になっていたということもあった

稲村氏　仲介のようなケースは、オープンソースで調べることができる。ほかにも経済安全保障上の観点で不法な点がないか、民間レベルで調査できる方法もたくさんある。企業はそのような民間調査会社を活用してもらいたい。それと中国と仕事をしている企業の社員の方々は、チャイナリスクに関心を向けてほしい。個々の中国人に対する感情は別にして、中国像を正確に把握しないと、日本はステルス侵略され続けてしまう。

――目先の利益ばかり追うと、あとで取り返しのつかないことになる。中国に進出している、あるいはこれから進出しようとして考えている企業は、チャイナリスクを十分に考えるべきだ

稲村氏　気を付けなければならないのは改正反スパイ法の曖昧さと恣意的運用だ。他にも国家安全法、国家情報法、国防動員法など人権弾圧を何とも思わない危険な法律のオンパレードだ。

■チャイナマネーに目がくらんだ懲りない日本企業

北海道大学の教授ら学術関係者やビジネスマンなど、いつ何時、だれが拘束されてもおかしくないのが、今の中国だ。経済界はチャイナリスクをどうみているのか。

ふだんは反応の鈍い日本の経済界だが、日本商工会議所の小林健会頭は四月六日の会見で、A氏の拘束を「非常に憂慮している。どのような行動が法に抵触したかという理由を中国当局は明らかにする必要がある。何もなされなければ疑心暗鬼となって中国でのビジネスへの不安感が増幅される。経済交流の基盤である自由に行き来できるという信頼感にひびが入るのは、日中双方に好ましくない」と述べ、経済界として事態の早期解決を望む考えを強調した。一方で小林氏は「中国は巨大な市場を持つ隣国である。こうしたことを克服し、経済交流は続けていくべきだ」との認識も示した。鈴木氏やA氏が身柄を拘束されたからといって、直ちに中国から撤退するのは不可能であろう。

だが、中国駐在の社員や家族の安全を守る義務が本社にはある。自信と責任を持って彼らを守ることができると胸を張れるのか、大いに疑問だ。チャイナリスクを甘くみてはいけない。撤退や事業規模の縮小を視野に中国以外で事業展開することをお勧めしたい。

日中経済協会と経団連、日本商工会議所は二〇一八年九月、経団連の中西宏明会長（当時）や日商の三村明夫会頭（同）ら企業関係者約二百四十人を中国に派遣した。三団体は前年にも訪中し、李克強前首相を表敬している。日中の貿易総額は、三九一四億四〇四九万ドル（二〇二一年）で、日本にとって米国と並ぶ最大の貿易相手国ではある。中国にとって、日本は米国に次ぐ二番目の貿易相手国であり、深い依存関係にある。企業が利潤を追求するのは当然だが、経済活動だけでは片づけられない問題が駐在員とその家族の安全なのだ。台湾有事にでもなったら、中国在住の日本人はどうなるのか。香港やマカオを含め約十七万人おり、上海エリアだけでも約四万人いる。在中国の日本人学校の生徒数は約三千人いる。これらの人々は帰国できずにそのまま、人質になり、日本政府の対中政策の手足を縛る。経済界はこの現実から目をそらしてはならない。

■日中学術交流もストップ

最近、日本と中国の間の学術交流は厳しい局面に立たされている。受話器の向こうでこう語るのは、北海道大の城山英巳教授（現代中国論）だ。二〇一六年まで計十年間、時事通信社の北京特派員を務めていた。城山氏は、「中国で二〇一四年に反スパイ法が施行された後、容疑事実が明らかにされないまま日本人の拘束が相次ぎ、日本の中国研究者やビジネス関係者が怖くて中国訪問に慎重になっている。オンライン会議なら拘束される心配がない。相手側の本音を確かめるためにも、開催を呼びかける中国側研究機関の求めに応じているが、訪中には二の足を踏む研究者がほとんどだ」と語る。

中国は二〇一五年に国家の安全を政治や経済、社会などの各分野で幅広く規定する国家安全法を改正し、二〇一六年には、海外NGO（非政府組織）管理法を制定した。中国で活動している一千余りの外国NGOを対象としたもので、それらを通じ日本や欧米など民主国家の情報や価値観の流入を防ぐ狙いがある。スパイを取り締まる中国の国家安全省は、二〇一二年に発足した習近平体制の意を受ける形で、一五、一六の二年間をスパイ摘発年間と位置付け、日本人など外国人の取り締まり強化に乗り出した。

城山氏は「これがスパイ取り締まりの第一幕で、これから弾圧の第二幕が開ける」と語る。摘発件数を増やすことが習政権への忠誠心を示すこととなり、自らの実績アピールになるからだ。取材であっても「政治的な話や人権に絡む敏感な話がしづらくなった」と城山氏は証言する。

拘束されたのは日本人だけではない。二〇一九年には北海道教育大で長年教鞭をとってきた元教授の袁克勤氏（中国籍）が、中国に一時帰国した際にスパイ容疑で拘束され起訴されたことは前述の通りだ。日本の大学に留学中の香港出身の女子学生も、国安法の域外適用を受けて逮捕された。習政権はスパイ摘発に向け、組織の強化も図っている。二〇二二年十月、共産党公安・司法部門を統括する中央政法委員会トップに情報機関を束ねる陳文清・前国家安全相を就任させた。城山氏によると、陳氏は国家安全相時代の二〇一八年に来日し日本側の政府高官と極秘会談したという。

習体制下で、日中の健全な学術交流や経済交流に甚大な支障が生じている。それは中国にとってもプラスにはならないことを習政権は知るべきだ。

■日本にいても中国当局に捕まえられる？

ここで注目したいのは、香港の女子留学生が香港当局に国家安全維持法違反の容疑で逮捕された一件だ。国安法が域外適用されたためで、香港人は世界のどこにいても、捕まる可能性があることを示した。二〇二〇年に施行された香港国安法は「国家分裂」や「外国勢力との結託」など四つの行為を国家安全に危害を加える犯罪と規定している。弾圧を避けるために海外に活動の拠点を移した民主活動家を念頭に、自由な言論活動を牽制するのが狙いだろう。香港の治安当局が、民主活動家でもない日本への女子留学生を逮捕し、パスポートを没収して復学させないようにしたのは「見せしめ」とみられる。「香港独立」などの言葉を海外の留学生らが軽々に使わないよう言論活動を委縮させる狙いが伺える。

問題なのは、「香港に恒久的な居住権を持たない者」についても、域外で犯罪を行った場合は適用すると明記していることだ。香港出身者だけではなく、外国人による香港以外の国や地域での言動も処罰対象になり得ると解釈することができる。例えば、日本人が国内で香港独立運動を支援するような言動をした場合、もし香港に入れば、国安法違反に問われる可能性もあるのだ。

さらに懸念されるのは、日本人を含む外国人が香港の治安当局から香港国安法違反を理由に身

インタビューに応じる緒方林太郎衆議院議員（撮影：著者）

柄の引き渡しを要求された場合の日本政府の対応である。

この点について、国際条約に詳しい立憲民主党の緒方林太郎衆院議員（福岡九区）に聞いた。緒方氏は北九州市の出身で、現在三期目。東大法学部三年時に最年少で外交官試験に合格し、フランス語研修を経て外務省条約課などでの勤務経験がある。二〇二三年五月三十一日、衆院第二議員会館を訪れ、約一時間にわたりインタビューした。緒方氏が二〇二〇年九月ごろに書いた論考をもとに一問一答形式で紹介する。

――香港国家安全法をめぐり、刑事分野での日中間の協力を停止すべきだとの声がある

緒方氏　まず、知っておいてほしいのが、日中間に犯罪人引渡条約はないということだ。日本がこの条約を結んでいるのは、米国と韓国だけだ。その代わり、二〇〇八年三月に発効した刑事共助条約はある。両国間で捜査協力するための二国間条約だ。刑事共助条約の運用停止を求める声があることも知っている。気持ちはよく分かるが、運用停止の規定がないため、条約の機能を止めるとすれば条約の破棄しかない。運用停止には

日中双方の合意が必要だ。ウイーン条約の規定では、相手国にその意図を通告してから百八十日後に終了となる。

ただ、香港国安法がけしからんから、破棄すれば良いという単純な話ではない。条約を終了させれば、日本も大きな不利益を被ることになる。日本国内で犯罪行為を行い、中国に逃げ込んでいる人物への捜査協力が滞るからだ。したがって、日中刑事共助条約の運用停止や破棄はお勧めできない。

――中国が日本人の身柄の引き渡しを要求してきたらどうなる

緒方氏　通常、刑事共助条約には共助の拒否事由が定められている。一般的に、この手の刑事共助条約の常識として、政治犯は対象としないとか、自国で罰せられない行為は対象としない（双罰性）とかが盛り込まれる。日中刑事共助条約もその例にならって、相手国からの共助要請を「拒否できる」となっている。

日中刑事共助条約第三条にこうある。

一、被請求国の中央当局は、次のいずれかの場合には、共助を拒否することができる。
（一）被請求国が、請求された共助が政治犯罪に関連すると認める場合
（二）被請求国が、請求された共助の実施により自国の主権、安全、公共の秩序その他の重要な利益が害されるおそれがあると認める場合

（三）被請求国が、共助の請求がこの条約に定める要件に適合していないと認める場合

（四）被請求国が、共助の請求が何人かを人種、宗教、国籍、民族的出身、政治的意見もしくは性を理由に捜査し、訴追しもしくは刑罰を科する目的でなされていると、またはその者の地位がそれらの理由により害されると信ずるに足りる実質的な根拠があると認められる場合

（五）被請求国が、請求国における捜査、訴追その他の手続の対象となる行為が自国の法令によれば犯罪を構成しないと認める場合

以上である。

香港国家安全法は、中国本土の国安法を下敷きにしたものだ。最も大きな違いは、香港の国安法は法律の域外適用が強烈だという点だ。「香港の永住権を持たず、香港に住んでない人間」であっても、この法律の適用があると書いてある。

例えば、日本人が日本国内で、香港独立などを叫んで駐日中国大使館前で示威活動をしていたら、法的には香港国安法違反である可能性が高い。この規定を設ければ「将来、中国に入国しようとした時、香港国安法違反で拘束されるかもしれないぞ」という恐怖感を世界中に広く与えるのが目的だろう。

実は国内法の域外適用といえば、米国の十八番だった。二国間の貿易などに関連す

る法律で、適用の恣意性が高いこと、罰則の決め方も結構恣意的であることから、日本企業はかなり苦しめられた。逆に、米国司法の「長い手」で国際犯罪を補足したこともあるし、国際的な経済制裁として機能することで抑止に繋がっている部分もある。

こうした米国の手法を中国はよく見ている。香港の国安法を見ていると、今後、中国が国内法の域外適用をやって来る萌芽を見る思いがする。

――日本人が日本国内で「香港独立」などと叫んで示威活動をしていると、香港国安法違反の可能性があるとのことだが、将来、香港当局から捜査共助の要請もあり得るか

緒方氏　想定しなければならない。ただ、過度な心配は無用で、条約の運用停止や破棄などせずとも、条約に則って共助を拒否すればよいだけだ。そもそも、政治犯は共助の対象にはならない。共助要請は、双罰性の基準によっても弾かれるだろう。日本には言論の自由がある。日本人が日本国内で香港独立を叫んでも、政治犯として逮捕されることはない。それが双罰性だ。

やるべきことは二点ある。一つは、香港国安法で罰せられる行為は日本の法令では犯罪に当たらないことを確認すること。二つ目は政治犯や双罰性のない行為に関する共助に応じないことを確認することだ。条約上は「拒否できる」となっているだけだ。日本政府に「拒否する」ことを確約させることで条約に則って共助に応じないことが初めて担保される。「日本政府は条約の規定に基づいてお宅の香港国安法をベースに

した刑事共助はやりませんよ」と宣言することだ。

――本当は中国政府を批判するなどした政治犯として捕まえたいのに、政治犯として身柄の引き渡しを要求すると日本政府に断られるため、刑法犯として容疑をでっち上げて捜査共助を要求してきた場合は

緒方氏　そのときは、相手が示してきた刑法のどの部分に違反するのか、容疑事実をしっかり確認することが肝要だ。

以上がインタビューの主な内容だ。最後に、日中刑事共助条約が発効する前のことだが、条約のプラス面を補足しておきたい。二〇〇三年六月二十日、福岡市で一家四人が中国人の元語学留学生ら三人に惨殺された事件だ。元語学留学生は福岡拘置所で死刑執行され、日本側の協力要請で共犯の二人は中国に逃亡後に逮捕された。一人は死刑、もう一人は無期懲役が確定した。当時八歳と十一歳の子供を含む家族全員を殺害した残忍な事件だった。中国からの留学生や企業人は現在、日本国内に約八十万人おり、労働者不足を補う日本政府の施策により、今後も増え続けることが予想され、これに伴って刑事事件の発生も想定される。刑事共助条約が必要とされる所以である。

賢明なる読者諸兄にはお分かりいただけたと思うが、習近平国家主席率いる中国は、日本人の

一部が憧れる論語の世界や杜甫や李白といった詩聖や詩仙の世界とはまったく別世界に存在する、人権無視の共産党独裁国家だという事実だ。うわべの友好や文化交流などに騙されてはいけない厳しい現実を、日本と日本人は突き付けられているのである。それに気づかないとしたら、あまりに能天気であるし、知ってはいるが、あえて気付かないふりをして中国共産党関係者らと親交を深めているのだとしたら、あまりに不見識と言わざるを得まい。

第二章　乗っ取られる離島

■中国人女性に感謝したい⁉

日本人は中国の土地を買うことができないのに、中国人は日本の土地を買うことができるのは、外交や通商上、国際的に共通認識となっている相互主義に反しないのか――。かねてより懸念されていたことが、沖縄の無人島を舞台に表面化した。

中国系企業が無人島を買収していたことが明らかになったのだ。中国系の動画投稿アプリ「ＴｉｋＴｏｋ」の国内版「抖音（ドウイン）」に、中国人女性がこの無人島に上陸して歩き回り、「島を購入した」などと投稿したことがきっかけだ。

中国では「領土が増えた」などのコメントが相次ぎ、日本国内でもさすがに、「これはまずいのではないか」といったトーンで、民放に追随する形で大手紙も報道し始めた。

中国系企業などによる北海道の水資源や京町家、静岡県伊豆・修善寺の老舗旅館などの土地や建物の買収問題を追ってきた筆者にすれば、ようやく大手メディアもことの重大性に気付き始めたという印象だ。これまでのように、知っていても知らぬ振りをしたり、その実態を知ろうともしないよりかはマシである。

ただ、熱しやすく冷めやすいのもメディアの特性である。今では何事もなかったかのようにメディアからこの問題が消え去ってしまった。政府もメディアも国民世論も、引き続き、オールジャパンでこの種の問題に取り組んでいかねばならないと考えている。にもかかわらず、私の周りにはいまだにトンチンカンなことを言っている人が少なくない。この無人島は、安全保障上重要な土地の利用を規制する土地利用規制法の対象外だし、仮に対象だったとしても、所有を禁じているわけではないから、何が問題なのかと。無人島に限らず、都心部や地方でも中国系など外国人による土地買収は進んでおり、それをダメとは言えないのではないかと。

屋那覇島を買収したとはしゃぐ中国人女性

問題の核心は、日本では外国人が土地を所有することについて何の制限もないことである。海外では外国人の土地所有は禁止、または厳しく制限されている。

例えば、カナダ政府は二〇二二年十二月二十一日、今年から二年間の時限措置として、カナダ人以外による住宅用不動産の購入を禁じる法律を公布した。米国では、南部テキサス、フロリダ、アーカンソーなどの州で、中国人による不動産購入を禁止する法整備が進められ、中国外務省が「中国企業は長年にわたって米国に投資し、雇用と経済発展に重要な貢献をしてきた。国際ルール違反だ」（毛寧報道官）と反発している。日本だけが、買われ放題なのである。

特に中国の場合、国内外に展開する企業はすべて、共産党の影響下にある。このため、党が有事と認めた際、海外在住の中国企業や中国国民が所有する土地や施設を徴用できると定めた国防動員法や国家情報法が存在しているという問題もある。

現行法に不備があれば、法改正するなどして正していくのが立法府の責務であるし、問題点を指摘し、それを後押しするのがメディアと世論の役割である。現状を無批判に肯定して傍観しているだけなら、それは問題意識の欠如であり、思考停止である。その意味で日本人の関心を多少なりとも喚起してくれた中国人女性に感謝の気持ちすら湧いてくる。

■離島を購入したのは中国の「幽霊企業」

問題の無人島は、沖縄県北部の本島から二十キロ西方に位置する伊是名村の屋那覇島である。東京都内で沖縄料理店を経営する知人の店長によると、浅瀬で養殖されている海藻のモズクは絶品で、沖縄県で今一番の人気なのだという。実際、店で注文すると、屋那覇島のモズクは、ぷりぷりして弾力が強く、ニンニクおろしや、ショウガをあえてポン酢でいただくと絶品である。近所のスーパーで別のモズクを購入したが、屋那覇島のモズクに比べると格段と味が落ちるのが分

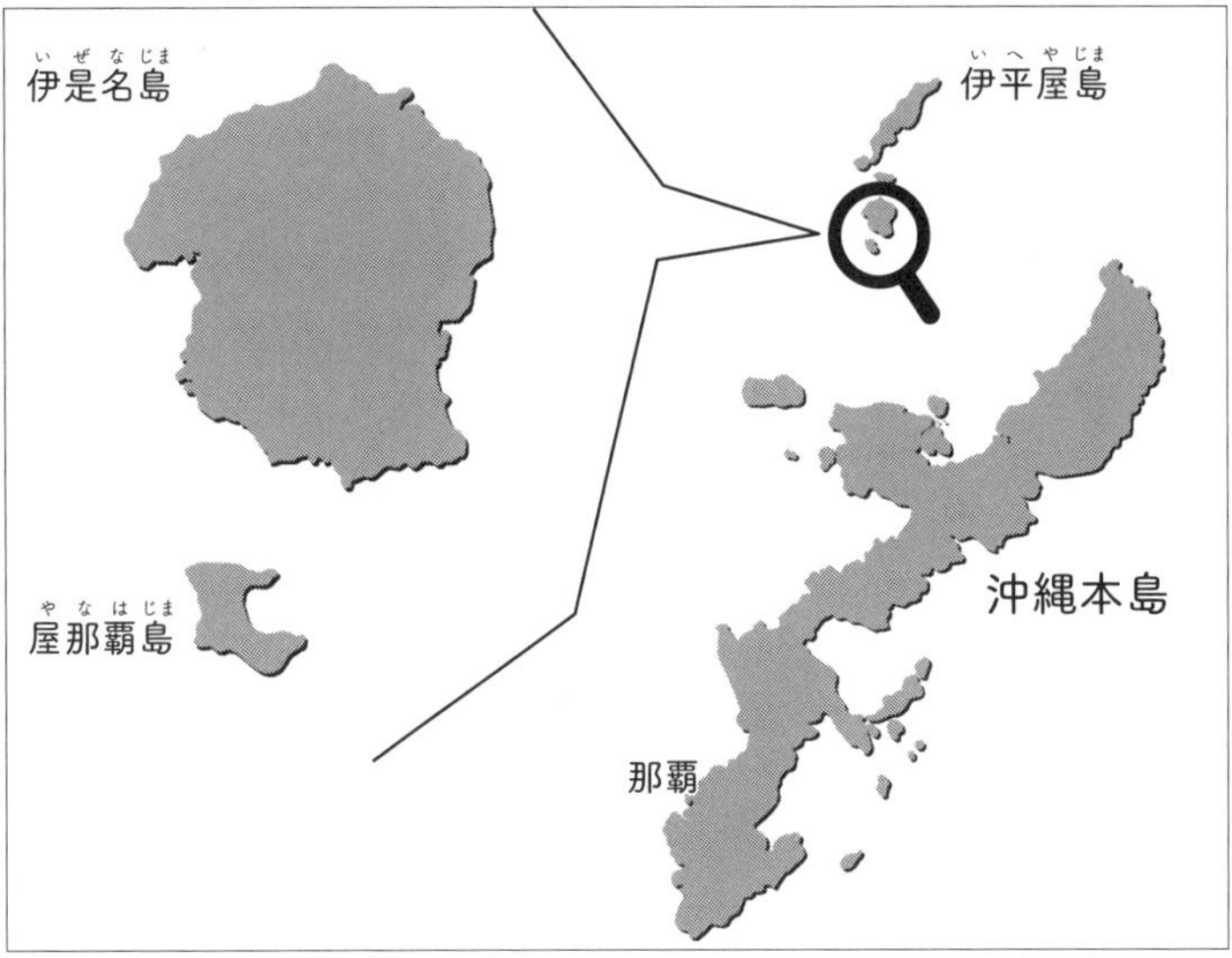

屋那覇島の位置

かるほどだ。

さて、この無人島、中国人女性はまるで島全体を丸ごと購入したかのように投稿動画で語っている。しかし、実際に購入したのはこの女性が役員を務める都内の中国系企業で、島の半分ほどを約三億五千万円で購入したという。不可解なのは、この中国系企業の実態だ。会社ホームページや登記簿謄本によると、設立したのは昭和四十三年九月で、目的は不動産投資およびリゾート開発、中国ビジネスコンサルティングなどとなっている。取締役には、中国人と思われる名前が複数人掲載されていた。

中国系企業の会社社長が、これを書いている二〇二三年夏まで、筆者の取材にまったく応じようとしない。何かやましいことでもあるのかと勘繰りたくなる。購入者がどういう会社の社長なのか、社長がどこにいるのか分からないま

屋那覇島を買収した会社が登記していた東京・赤坂の雑居ビル（撮影：著者）

ま、日本の土地が買い進められるのを放置するとしたら、この国はあまりに無防備と言わざるを得ない。特に、屋那覇島の場合、中国人民解放軍が突破を狙う第一列島線上にあり、安全保障上の懸念が指摘されているから、なおさらだ。

まだこの一件が熱を帯びていた二月二十二日夕、会社ホームページや登記簿をたどり、都内の会社を訪ねてみた。港区赤坂にあるＴＢＳ近くの雑居ビル五階を訪れると、映像関係のコンテンツを販売する別の会社が入っていた。このときは応答がなかったので、二十四日昼、この会社に電話してみた。

すると、受付だという女性が電話口に出て「社員はみな在宅勤務で自分は何も分からない。（筆者の尋ねた）中国系企業のことも一切分からないから、その会社のホームページにあるフォーマットから問い合わせたらどうか」と言ってきた。

女性は何も分からないと言いながら、この会社のホームページに問い合わせ用のフォーマットがあることを知っていた。取材に対して何も話さないよう、会社から口止めをされていたようである。

筆者は二月十三と二十の両日、中国系企業のホームページのフォーマットからメールで質問をしたが、なしのつぶてである。女性にその旨を伝えるとともに、女性の勤める会社関係者が、NHKの取材に応じていたことを伝えた。

この会社関係者はNHKの取材に対し、「土地を取得した会社の代表取締役と関係があり、住所が使われている。ただ、その会社とは何の関係も持っていない。（屋那覇島の土地取得は）報道で知っているが、当社は関与していない」（二月二十日NHK電子版）と答えていた。

重ねて「何も知らないのか」と問うと、一方的に電話を切られたのはご愛敬だ。この会社に関わってばかりいるほどこちらも暇ではない。中国系企業とは別に、この会社社長が過去に「在日代表」を務めていた中国系メディア関連会社を訪ねた。

■中国共産党の影響下にあった離島買収企業

二〇〇八年六月に出されたプレスリリースによると、この関連会社は、十九年四月に東京証券取引所に上場した初の中国本土企業とうたっている。中国におけるテレビ番組ガイドチャンネル、テレビ広告代理業務のリーディングカンパニーという触れ込みだ。問い合わせ先は、関連会社の在日代表である中国系企業の社長の名前とともに、銀座の住所が記されていた。

JR新橋駅にほど近い東京・銀座七丁目の雑居ビル八階。港区赤坂に住所がありながら、別の会社が入っていた中国系企業を訪れた日と同じ二月二十二日夕だ。エレベータを降りると、目に飛び込んだのは、壁に大きな文字で書かれた「中国中央電視台（ＣＣＴＶ）大富」と香港特別行政区に拠点を置く民間衛星テレビ局「鳳凰衛視」の社名だ。

株式会社「大富」のホームページによると、在日中国人のために中国の最新文化・時事情報等を提供するとともに、日本人の中国及び中国人への理解をより深め、日中友好関係構築の一翼を担うことを目指す、とある。株主は京セラ株式会社、株式会社フジテレビジョン、株式会社ＡＤＫマーケティング・

屋那覇島を買収した会社社長が以前、事務所を構えていた銀座の雑居ビル（撮影：著者）

ソリューションズ、株式会社電通グループだ。

ＣＣＴＶは中国国営の公共放送である。ここと日本企業がタイアップして、メディア発信を通じて「日中友好関係構築の一翼を担う」ことは多いに結構なことである。

問題なのは、屋那覇島を購入した中国系企業がＣＣＴＶの影響下にある疑いがあることだ。このオフィスにくだんのメディア関連会社が同居していたとなれば、メディア関連会社が中国共産党の強い影響下にあることになる。つまり、屋那覇島を購入した中国系企業も中国共産党の影響下にある疑いが濃厚なのだ。中国国内はもとより、海外に進出した中国系企業が共産党の指揮下にあることを考えれば、間接的ではあるが、中国共産党がこの会社を使って屋那覇島を購入したと言えなくもない。

日の丸と五星紅旗を飾ってある玄関から中に入り、居合わせた男性社員にこのメディア関連会社があるかどうかを聞いてみた。応対してくれた中国人男性は、「そんな会社はない」と言い、「そんな社長の名前を聞いたこともない」と答えた。

これが本当なら、プレスリリースの資料は十五年前のことだから、どこか他のオフィスに移転しているのだろう。ただ、はっきりしているのは、屋那覇島の半分ほどを購入した都内の中国系企業の社長が、少なくとも十五年前、「CCTV大富」と同じ住所に入居していた中国系メディア関連会社の「在日代表」を兼務していた事実である。

救われるのは、屋那覇島が中国系企業に購入されたからといって、直ちに安保上の懸念が発生するというわけではないことだ。島には重機を搬入する船舶が接岸できる港湾施設はなく、浅瀬のため今後も建設はほぼ不可能なためだ。この会社が購入した土地も虫食い状態で、売却を拒む地権者も存在している。

■土地利用規制ではなく、土地所有の制限を

屋那覇島の一件は氷山の一角とみた方が良い。中国共産党の息のかかったとみられる日本国内の他の土地購入についても注意が必要だ。だが、肝心の日本政府はどうにも頼りない。屋那覇島

の件について松野博一官房長官は記者会見で「関連動向について注視していく」と述べた。できもしないことを口にしているとしか思えない。根拠法もないのに、だれがどうやって注視するというのか。法の不備を糊塗するため、場当たり的に発言したのではないか。

政府が急ぐべきなのは、現行法の土地利用規制法の改正である。二〇二二年に施行された土地利用規制法では、自衛隊基地など重要インフラ施設の周辺約一キロメートルと国境離島を「注視区域」として、土地所有者の国籍や氏名、利用状況を調査できる。

特に重要な土地は、「特別注視区域」に指定し、不動産売買時には事前に国籍や氏名を届け出ることを義務付けた。重要施設などの機能を妨害するような利用行為があれば、勧告・命令ができ、罰則も科すことが可能だ。だが、官房長官が「注視する」と明言した屋那覇島は指定外であり、事前に把握もできていなかった。

先にも触れた通り、土地利用規制法は外国人の土地取得を禁止したものではなく、利用行為に限って制限を加えたものに過ぎない。修正すべき点は多い。特別注視区域はもちろん、対象を事前に限定した注視区域の範囲の見直しも待ったなしだ。農地や森林、幹線道路周辺や市街地の土地、監視・観察に適した建物（タワーマンションを含む）なども含めるのは当然だ。対象エリアを周辺のおおむね一キロという範囲も狭すぎる。防衛施設や空港など、広い土地を使用する施設からみて一キロという範囲はほとんど施設内も同然である。法案策定前から数字で縛らず、柔軟に適用できるよう法運用者にフリーハンドを残しておくべきである。

福岡市内で法律事務所を構える旧知の堀内恭彦弁護士は産経新聞九州山口版で、この法律について「立法過程で骨抜きにされてしまい、安全保障の観点からは極めて不十分な内容なのである」（令和四年九月二十二日付電子版）と指摘している。

この論考の中で、堀内氏は昨年夏に長崎県佐世保市の大型リゾート施設「ハウステンボス（ＨＴＢ）」の全株式が旅行大手エイチ・アイ・エス（ＨＩＳ）が、香港の投資会社パシフィック・アライアンス・グループに売却すると発表されたことにも警鐘を鳴らしている。ＨＴＢからわずか十五キロのところに、米海軍基地や海上自衛隊基地があり、米海軍の住宅地区もあって安保上の懸念も高まるというものだ。

堀内氏によると、ＨＴＢ売却について佐世保市は、土地利用規制法の制定目的とは異なるとして、「観光施設であるＨＴＢの所有者が国内・国外のいずれであっても、実質的に法律の影響はない」との見解を出しているのだという。特に近年は、中国・武漢から持ち込まれた新型コロナウイルスの影響で経営難に追い込まれた日本企業が資産を手放さざるを得ず、これを中国資本に買われていくという、やられっ放しの構図が常態化しているとも指摘する。

■国際条約ＧＡＴＳの足かせ

なぜ、現行の土地利用規制法の改正が必要なのか。この章の冒頭で問題提起した通り、外国人による土地取得を規制する法律が日本にはないからである。

この際、避けては通れない問題がある。私権制限という憲法上の制約や世界貿易機関（WTO）に関する協定の一部である国際条約「サービスの貿易に関する一般協定（GATS＝General Agreement on Trade in Services）」の制約である。

GATSは、サービス貿易の障害となる政府規制を対象とした初めての多国間国際協定だ（百六十四カ国が参加している）。前文、本文、八個の「附属書」及び各国の「約束表」からなる。対象分野は、政府の権限の行使として提供されるサービス（例えば、国営独占の場合の電力、水道事業等）以外のすべての分野におけるサービスだ。

村山富市首相を首班とする自民、社会、さきがけの自社さ政権下の一九九四年に締結された。この中に、外国人による土地取引に関する国際約束が盛り込まれ、最恵国待遇と内国民待遇を与える規定が明記された。

最恵国待遇は、内国民待遇とともに、外国において差別を受けることなく公正な貿易や商取引などを保障するための重要な役割を果たしている。日本は米国など欧州諸国が、安全保障に関わる外資による土地取引について、例外規定として留保をつけたのに対し、外資による国内投資を促す狙いから留保をつけないまま条約を締結した。

この結果、何らかのサービス提供を目的とした外国人による土地取引に関し、国籍を理由とした規制を課すことが認められないことになってしまったのだ。

自社さ政権、とりわけ外務省、経済産業省の大チョンボである。土地利用調査・規制法案を審議する際、政府は、当時の政策判断のまずさをきちんと認めるところから始めなければならない。

本来であれば、この条約の第十七条（内国民待遇等）について、米国や中国などと同じように留保して、外国人による土地売買を規制できる法体系にすべきであった。現に、日本が主導してまとめた二〇一八年加入のTPP（環太平洋経済連携協定）や二二年加入のRCEP（地域的な包括的経済連携協定）では、内国民待遇等を留保している。内国民待遇とは、条約の相手国の国民などに対し、自国民などと平等の待遇を与えることを約束したものである。現在、TPPには日本やオーストラリアなど十一カ国が参加し、英国や中国、台湾などが加入を申請中だ。RCEPは日本や中国、韓国、ASEAN諸国など十五カ国が参加している。

このため、外国人にのみ土地の取得などを規制することは、国際法との関係で問題となる可能性が生じる。GATS第十四条の二（安全保障のための例外）の適用が可能かどうかについては、別途検討の余地がある。また、内外無差別の法規制であれば、現行法がそうであるように、GATSとの関係の問題は生じない。

したがって、GATSの制約は厳然としてあるが、安保上の危険を事前に排除するためには利用制限だけでなく、所有制限に踏み込むべきである。

さきの堀内氏は、「外国人の土地取得は国家の存立にかかわる問題である。日本は不動産取引ついては国際的に開かれ過ぎた自由市場であり、常に外国人による買い占めの危険にさらされている。法整備の遅れを喜ぶのは土地を買い漁る外国勢力だ」と警鐘を鳴らしている。

国土を守る法律の不備は、日本国民の安全に直結する。不断の見直しにより、実効性の高いものにしていかねばならない。

■ブレーキを踏む「媚中」公明党

中国との関係を重視して、土地利用規制法の成立過程で、ブレーキを踏んだ公明党と、選挙での創価学会票（公明党の支持母体）欲しさに同党に気兼ねする自民党こそ、情けない。とある自民党参院議員は「そうは言っても、公明党が反対すれば成立する法律も成立しなくなる。そうなってしまえば元の木阿弥だ。公明党内で一番慎重なのは元代表の太田昭宏さんだよ。困ったもんだ。でも、どこかで妥協しないといけない。その成果について、ザル法などと言うなよ」と筆者にこぼす。

「いろいろ検討すべきことがある。しっかりと協議を尽くし、（自公）両方の共通認識を得ていく必要がある」

公明党の山口那津男代表は令和三（二〇二一）年三月九日の記者会見で、政府が安全保障上の重要な土地の買収対策として検討している土地利用規制法案の扱いは、与党が足並みをそろえるべきだと重ねて強調し、閣議決定に反対した。公明党が過度の私権制約になりかねないとして、自民党に慎重な対応を求めているためだ。

また、公明党は「特別注視区域」の事前届け出制にとりわけ難色を示していたが、これを法案の骨抜きと言わずして何と言おう。そんな公明党と連立を組む自民党に対し、それを支持してきた保守層は、エマニュエル駐日米大使に言われるまま、ろくな審議もしないままLGBT法の成立を急いだ最近の姿と重ね合わせるように愛想を尽かし始めている。

何しろ、土地利用規制法案が念頭に置いていたのは外資系資本と言いながら、その実、北海道をはじめとする水資源や山林、京都の京町家、花街、伊豆・箱根の老舗旅館、都市部のタワーマンションなど、あらゆる不動産を買い漁る中国系資本だったのだ。公明党の支持母体である創価学会と中国の太いパイプは、二〇一〇〜一九年まで駐日大使を務めた程永華氏が創価大学卒であることからも分かろう。

中国の投資家や思惑を持った勢力に不都合なこの法案に対し、中国当局が水面下で何らかのアクションを起こしていたことは想像に難くない。それは公明党に止まらず、政官各界におよんだだろう。

大事なことは、改正に向けた手を休めないことである。

安全保障上重要な施設周辺の土地利用を規制する法律「土地利用規制法（外資制限法）」は、周辺のおおむね一キロ以内で、施設の機能に支障をきたしかねない行為への使用を防ぐため、「必要な土地を番地などで個別に告示する」としている。また、領海の範囲を定める基準となる「基線」を有する離島なども個別に告示する。

国はこれらの土地所有者や利用実態について、不動産登記や住民基本台帳などの行政データや所有者の報告などをもとに調査する。防衛施設に対し、妨害電波を出すなどの不適切な利用が確認されれば、土地の利用中止を勧告、命令を出すことができる。命令違反者には懲役二年以下か罰金二百万円以下に処す罰則規定を盛り込んでいる。

指揮統制機能を持つ防衛施設など特に重要性の高い施設周辺の土地や国境離島は「特別注視区域」とし、新たに土地を売買する場合は売り手と買い手の双方に事前届け出を義務付けている。不届けや虚偽申告などの違反には懲役六カ月以下か罰金百万円以下の処罰を科す。国の調査に対する虚偽報告などの違反には罰金三十万円以下とした。

さきの堀内氏は令和三年にも、産経新聞九州・山口版の「熱血弁護士　堀内恭彦の一筆両断」に寄稿し、「外国資本による日本の土地の買い占め問題はもはや待ったなしの状況である。北海道では中国資本によって別荘やリゾート地のみならず、森林・水源地、さらには自衛隊基地や飛行場周辺の広大な土地が爆買いされている。国境離島の長崎県・対馬でも韓国資本による土地の買い占めが止まらない。安全保障上、由々しき事態である」と指摘している（七月五日付電子版）。

■消えた外国人土地法と政令五十一号

日本には外資による土地取引規制の手段として、大正時代に制定された外国人土地法があった。大正十四（一九二五）年に制定され、翌年十一月十日に施行された。国防上重要な地域における外国人による土地の取得に関して、陸軍大臣、海軍大臣の許可を得ることを義務づけていた。伊豆七島、小笠原諸島、対馬、沖縄諸島、南樺太、千島列島など国境にある島々や横須賀、呉、佐世保など帝国海軍鎮守府所在地が対象となっていた。

だが、「仏作って魂入れず」とはこのことだ。せっかく使い勝手の良い法律があるにもかかわらず、終戦により帝国陸海軍がなくなったことで、実効性を高める政令が制定されないまま、太平洋戦争終戦後の昭和二十年十月、「司法省関係許可認可等戦時特例等廃止ノ件」（勅令第五九八号）によって廃止されてしまった。

ところがどっこい、これを補うかのような法律が、戦後日本には存在していたのである。それが、外国人の財産取得に関する政令五十一号（昭和二十四年三月十五日）だ。外国人や外国資本による財産取得に関して制限をかけることができたのである。戦後間もなくＧＨＱ（連合国軍最高司令官総司令部）の占領下で負けてなお、日本の国土と領土を戦勝国から守ろうとした先人の努力に泣けてくる。天皇陛下の名の下に公布された勅令だ。時の首相は吉田茂である。

国立公文書館デジタルアーカイブで原本を閲覧できるのだが、第一条で、諸外国との健全な経済関係の回復を促進するとともに、国民経済の復興および自立を図り、あわせて国家資源を保全するため、外国人の投資および事業活動を調整することを目的としている。

第三条で、外国人が財産を取得するときは、主務大臣の認可を受けなければならないとされていた。ここでいう財産とは、土地、建物、工場、事業所、財産の賃借権、使用貸借に基づく借主の権利、地上権、著作権なども対象となっている。主権国家であれば当たり前のことであるが、何も規制がない現状を振り返ると、頼もしい法律に見えてくる。

しかし、なんとこの政令、昭和五十四年まで生きていて、外国人や外国資本による財産取得に関して制限をかけることができたのに、国会できちんと審議されぬまま、いつの間にか、上位の法令である昭和五十四年十二月に改正された外国為替及び外国貿易管理法（改正外為法）の附則第二条で廃止されてしまい、現在に至っているのである。参考までに記すと、政令を廃止する際、同種の政令か上位の法令によらねばならない。

留意したいのは、政令が制定されてから廃止されるまでの間、昭和二十七年二月、サンフランシスコ講和条約を締結した日本は、条約第十二条が定めた「条約締結国と中立国の国民に内国民待遇を与えるために、外国人を指定して政令の適用を除外する」との規定を守るため、政令を改正していたことだ。講和条約第十二条は同時に、相互主義もうたっていたのである。例外規定だ。連合国が内国民待遇または最恵国待遇を日本国に与える場合に限り、連合国に内国民待遇または最恵国待遇を与える義務を負うとしているのだ。

噛み砕いて言うと、相手国が日本の国民に対して制限をつけている場合、日本でその国民に対して制限を課しても良いということである。つまり、中国のような共産主義国家の場合、日本人は中国の土地を取得できない。そうであるならば、相互主義に基づいて、日本も中国企業や中国人に対し、土地の売買規制をかけても条約の精神に反しないのだ。

これは筆者の推測だが、当時は自民党の大平正芳政権である。すでに自由主義、民主主義諸国の中で経済のグローバル化の萌芽が見られるなか、外国資本による日本国内への投資はイノベーション（技術革新）を生み出す技術やノウハウをもたらすとともに、地域の活性化、雇用機会の創出につながるものとして、日本の経済の持続的成長に資するという観点から歓迎すべく、法の網を破り捨ててしまったのではないか。

米国離脱後、環太平洋戦略的経済連携協定（ＴＰＰ）を主導してきた日本としては、自由な貿易を維持する観点から、中国であれ、なんであれ、外資の導入を大目に見てきた結果が、中国に爆買いされる情けなくも危険な現状なのだ。少子高齢化が進む現状に鑑み、むしろ中国資本の導入や中国人移民の増大を積極的に推進してきたものと思われる。

■土地所有の制限に踏み込む国民民主党

頼りない自民、公明の与党に代わり、土地規制の面で心強いのが国民民主党だ。国民民主党は二〇二三年五月十一日、議員立法「総合的安全保障上の土地取得規制法案」（外国人土地取得規制法案）を参議院に提出した。二〇二三年の通常国会会期末、立憲民主党が提出した岸田内閣不信任案を与党や日本維新の会とともに否決に回った。もはや、与党の補完勢力というより、安全保障、外交政策などは公明党やそれに迎合する一部の自民党議員らに代わって、国家の政策を主導する立場にシフトを終えたといって良かろう。

さて、国民民主党の「総合安保上の土地規制法案」は、外交や安全保障でタカ派的な政策で知られる旧民社党の流れを汲む同党らしい政策提言である。国家の安全保障に関わる話である。与党だろうが野党だろうが関係なく、是々非々で臨みたい。国民民主党は「GATS、TPP、RCEPの適用関係等を整理しつつ、わが国の安全保障に支障を及ぼすおそれのある土地の取得等の規制のための法整備を推進する」としている。

目的は「わが国における土地の取得・利用・管理をめぐる最近の状況に鑑み、我が国の総合的な安全保障の確保を図るため、我が国の安全保障に支障を及ぼすおそれのある土地の取得・利用・管理の規制に関する施策を総合的に推進する」である。

基本理念は以下の通りだ。

○土地は、国民生活及び経済活動の基盤であり、かつ、領土を構成するものであって、その取得・利用・管理の在り方が我が国の安全保障に深く関わるものであることに鑑み、実態を早急に把握し、その結果を踏まえ、安全保障上の課題を分析した上で、必要かつ適切な規制を実施する

○防衛・外交分野の施策のみならず、経済・科学技術・文化等の各分野に係る土地の取得・利用・管理の規制に関する施策についても、安全保障の観点を踏まえて実施することにより、総合的に施策を推進する
○我が国が締結する条約その他の国際約束に関して、その施策を推進する上で必要な整合性の確保を図る
○土地の用途・機能、利用・管理の形態等が多様であることを踏まえ、それぞれに応じた適切な規制を実施する
○国の関係機関相互の密接な連携の下に推進する

基本理念は以上だが、その上で、「政府は必要な法制上または外交上の措置、その他の措置をこうじなければならない」とした。

基本方針として、

○実態調査の早急な実施
○実態調査の結果を踏まえ、安全保障上の課題を多角的に分析し、諸外国における日本国民による土地の取得等の規制の状況を勘案した上で、土地の取得の規制をも含む必要な規制の在り方について検討を加え、土地基本法、外国人土地法等の見直しを含む必要な措置（財産権

の制限が必要な限度を超えることがないよう、留意する）
○これらの措置を講ずるに当たり、GATS第十七条の内国民待遇その他関連する条約等の定めとの整合性の確保を図る上で必要があるときは、所要の外交的な取組を行う

次に、「推進計画として、基本方針に基づく推進計画を策定し、閣議決定する」としつつ、土地取得等問題対策推進本部を設置すると規定した。

同本部は、
○内閣に土地取得等問題対策推進本部を設置（設置期限五年）する
○推進計画の案の作成・実施の推進等の事務をつかさどる
○本部長に内閣総理大臣、副本部長に国務大臣、それに本部員（本部長・副本部長以外の全ての国務大臣）で組織する
――とした。

目的として、「安全保障に支障を及ぼすおそれのある土地の取得・利用・管理の規制に関する施策を総合的に推進する」と掲げたのは正しい。基本理念の中で、実態を早急に把握し、その結果を踏まえ、安全保障上の課題を分析した上で、必要かつ適切な規制を実施する――としたのも

当然だろう。わが国が締結する条約その他の国際約束に関して、その施策を推進する上で必要な整合性の確保を図ることも法整備を進める上で欠かせない。

国民民主党の玉木雄一郎代表は、「安全保障等の観点から我が国の土地を守る必要性は一層高まっている。与野党の理解を得て成立を目指す」と話す。同党参院議員の大塚耕平政務調査会長は、「重要土地規制法で防衛施設の周囲一キロメートルは規制されたが、それ以外にも安全保障上問題となりうる土地はあるので、全ての土地につき政府に調査義務を課した法案である。また、条約上の理由で必要な処置がとれない場合、政府が所要の外交上の取り組みをするよう明示した点も画期的だと思う」と語っている。

■腰の引けた政府に対峙する参政党・神谷氏

外国資本による日本の土地取得に関し、参政党の神谷宗幣参院議員が二〇二三年三月二十三日付で、政府に対して質問主意書を提出している。

これに対し、政府は四月四日付で答弁書を閣議決定しているが、木で鼻をくくるとはこのこと。まったく、誠意のある回答をしていない。「〜意味するところが明らかではなく、お答えすることは困難である」のオンパレードである。これは閣議決定する際、答えにくいことを交わすための役所言葉である。昔から国会では「前向きに検討する」は、「何もやらない」の意味であるし、

「関心を持って注視する」（松野博一官房長官）は「関心はないが、関心のあるふりをして何もしない」と同義語である。

いずれにせよ、「～意味するところが明らかではなく、お答えすることは困難である」というフレーズは、都合の悪い質問をかわすには非常に使い勝手が良いのだろう。バカにするなと叫びたいくらい、繰り返し使っている。家庭内で夫婦にもめ事が生じたら、一度騙されたと思って使ってみたらいかがだろう。奥さんから、「あなた、残業で遅くなるとか言ってたのに、なに、この領収書は‼」と言われた際、あるいは、亭主から「ママ友のランチ会というのは、随分豪勢なんだな」と言われた際、「～意味するところが明らかではなく、お答えすることは困難である」と返すのである。火に油を注ぐ結果になるかどうかは本人の人柄や言い方次第だと思うので、筆者は責任をとりません。

脱線ついでにささやくと、国会のある永田町で使われる手法は、メディアの批判を浴びることも多いが、人間関係に潤滑油を差す上で参考になることも少なくない。「問題の先送り」もそうだ。頭に血が上っているときに、問題の解決を急ぐとお互いに罵り合ったりして、ろくなことにならない。逆にいったん、クールダウンして後日、改めて話し合うなどすると、案外、妥協点が容易に見つかって問題が解決できることもあるのだ。脱線したが、質問主意書と答弁書を表で掲載するので、神谷氏の鋭い質問と見比べて、政府がいかにやる気がないかをご自分で確かめていただきたい。

質問主意書

https://www.sangiin.go.jp/japanese/joho1/kousei/syuisyo/211/syup/s211042.pdf

答弁書

https://www.sangiin.go.jp/japanese/joho1/kousei/syuisyo/211/toup/t211042.pdf

第三章　闇の警察署「闇警」

いわゆる中国の「闇警」が世界中にはびこるきっかけとなったのは、習近平国家主席による「ハエも虎も叩く」として始まった反腐敗闘争という名の政敵潰しである。その手段が、自らの権力を脅かす政敵を地の果てまで追い詰める「天網行動」である。国家公安局による汚職官僚らや、政敵などの海外逃亡者を本国に連れ戻す工作活動だ。

当初は相手国に正式に捜査協力を要請する形をとる。しかし、効率とスピードを重視する観点から、次第に捜査協力の要請をしないまま自国の捜査員を民間人を装うなどして派遣するやり方、すなわち、闇警に移行していく。それは後述する、中国公安関係者による論文で明らかである。

■「闇警」が爆発的に増えた理由は「天網行動」にあり

まずは天網行動に関する記事をみてみたい。

手元に中国共産党中央委員会の機関紙『人民日報』系のインターネットサイト「人民網日本語電子版（二〇一五年四月一日付）」がある。表題には「世界反ファシズム戦争勝利七十周年」「抗日戦争勝利七十周年」と掲げている。見出しは、「外交部、『天網』行動が始動　反腐敗国際協力を強化」である。

以下がその内容だ。

中国外交部（外務省）の華春瑩報道官（当時）は二〇一五年三月三十一日の会見で「天網」行動について、「中国は反腐敗、国際逃亡犯逮捕・不法取得資産没収活動をめぐり、関係諸国と協力強化を進めていく」と表明した。

（御用記者の）質問　報道によると、中国はすでに「天網」行動を始動し、中国政府が逃亡した汚職役人の名簿を米国、英国など関係国に提供したというが、事実関係は

華春瑩報道官　『天網』行動は中国政府が国外逃亡した職務犯罪容疑者を逮捕するために展開した重要行動である。反腐敗、国際逃亡犯逮捕・不法取得資産没収活動を強化することは国際社会の共通認識だ。汚職者の天国になろうとする国はこの世界のどこにもない。関係諸国と一層協力強化を進めていく」と述べた。

次は二〇一九年十二月十七日付電子版の中国情報系サイト「レコード・チャイナ」である。中国紙・環球時報は露紙・独立新聞の記事を引用し、汚職官僚など中国の海外逃亡者を連れ戻す「天網行動」の効率の良さは驚くべきものだと伝えた。記事は「天網行動によって近年では毎日平均

五～六人が帰国させられている。彼らが持ち去った巨額の不正な金も回収されることになる。このような効率の良さは信じがたいことだ」と伝えた。記事によると、二〇一九年一月から十月までの間に合計一千六百三十四人の海外逃亡者を連れ戻しており、このうち共産党員と政府関係者が七百四十一人を占めたという。この中には「百名紅通人員」（海外逃亡犯のトップ百人）も四人含まれており、回収する不正な金は二十九億五千四百万元（当時のレートで約四百六十二億円）に達すると伝えた。また、連れ戻した海外逃亡者の数は前年同期比で六十九パーセント増、連れ戻した共産党員と政府関係者の数は同二百一パーセント増、回収した金額は同二百八十八パーセント増となった。「中国は、こうした国際的な協力による反腐敗行動を強化している」と記事は紹介している。二〇一四年に北京で開催されたアジア太平洋経済協力（ＡＰＥＣ）の会議において、反腐敗実行の協力ネットワークを構築することで合意しており、米国、カナダ、オーストラリアなどの国と協力して調査を行っていると記事は伝えた。

また記事は、二〇一九年十月までの連れ戻しの成果は、天網二〇一九行動の枠組みにおいて獲得したものだと指摘した。天網行動は二〇一五年から始動しており、これまで百二十以上の国や地域から数千人を連れ戻していて、この中にはインターポールの協力によって逮捕した例もあると伝えた――という。

二〇一五年といえば、国家の安全を政治や経済、社会などの各分野で幅広く規定する国家安全法を改正した年だ。一六年には、海外ＮＧＯ管理法を制定したのは先に述べた通りだ。

政敵を摘発し、外国人もスパイ認定して容赦なく拘束する。習近平国家主席が終身主席の道を拓くための権力基盤を固め出したメルクマール（中間地点）となったのが、二〇一五年だといってよかろう。習近平政権による中国国内外の体制強化を語る際、この年はぜひとも押さえておきたい。

■主な任務は「海外にいる反体制派の監視」

さて、問題の「闇警」である。「海外110」「海外非公式警察署」「闇の警察署」などと呼ばれる組織だ。中国の人権問題を監視するスペインの人権NGO「セーフガード・ディフェンダーズ（S・D）」が二〇二二年九月に「海外警察サービスセンター」に関する報告書を発表して発覚した。

報告書によると、中国の福建省福州市と浙江省麗水市青田県の公安部（警察に相当）が「海外警察サービスセンター」と称する組織を少なくとも世界の五十四カ所に置いている。日本では東京のほか、米国やカナダ、英国、東南アジアではカンボジアやブルネイにもある。サービスセンターは運転免許証の更新などのほか、中国が海外に警察拠点を設ける大きな理由として指摘されるのが、詐欺対策なのだという。中国ではSNSなどのインターネットを通じた詐欺が跋扈しており、根絶に苦慮している。中国政府の発表によると、二〇二一年に詐欺グループへの送金が未然に防がれた分だけで、三千二百九十一億元（約六兆七千億円）に達する。多くの詐欺グループはカンボジアなどの海外に拠点を構えており、「闇警」はこうした犯罪への対応に当たるとされる（二〇二二年十月二十六日付産経新聞電子版など）。

だが、表向きの顔と違い、報告書はサービスセンターの正体について、海外にいる反体制派の監視任務だと指摘している。

具体的には「脅迫、嫌がらせ、監禁などの手段で圧力をかけ、『自発的』に帰国するよう説得する役目を担う」としている。二〇一四年以降、中国は海外から一万人以上を強制的に帰国させているとされ、サービスセンターが「闇警」として工作の拠点となっている疑いは拭えないという(同)。在外華僑や居住先の国籍を取得した華人、中国にいる彼らの家族や親戚が脅されるなど、人権が踏みにじられるケースも少なくない。

産経新聞シンガポール支局長の森浩特派員は同日付電子版で、「米政府系メディアのボイス・オブ・アメリカ（ＶＯＡ）は、サービスセンターは中国による監視と統制の国際的ネットワークの一部であり、中国共産党が国境をはるかに越えて活動できるようにするものだ」と警戒感を示していると報じた。

こうした中、オランダでさっそく、「闇警」をめぐる動きが表面化した。

オランダ外務省は二〇二二年十月二十六日、中国がオランダ国内に法的に認められない警察署を二カ所を設置し、反体制派の取り締まりに利用しているとの報道を受け、司法・安全省と共にこの報道を深刻に受け止め、政府として調査に乗り出したことを明らかにした（同日付ＡＦＰ＝時事）。

オランダの民放ＲＴＬと調査報道サイト「フォロー・ザ・マネー」は、首都アムステルダムと第二の都市ロッテルダムに外交支援を行うとする中国の「警察署」が二〇一八年に設置されたものの、オランダ当局へは申告されていなかったと報じた。ここでいう「警察署」とは、「闇警」のことである。

さらに、同国に在住する中国人の証言を基に、中国当局が自国の反体制派を取り締まるためにこうした「警察署」を利用していると伝えている。オランダ外務省はまた、同国在住の中国人から「脅迫や脅し」を受けているとの通報が定期的に寄せられていることから、相談窓口を設置していると述べている。

中国外務省の汪文斌報道官は会見で「まったくの虚偽だ」と否定し、これらの「サービスステーション」は、海外に居住する国民が運転免許証の更新などを行うための施設だと説明しているが、中国政府にしてはずいぶんと脇の甘い言い訳としか言いようがない。大使館でもなく、領事館でもない施設で運転免許証の更新する施設を設けること自体が、その国（接受国、闇察を設置した国）の主権を侵害し、外交に関するウイーン条約違反であることを知らないわけはあるまい。中国共産党政権の幹部はみな、金太郎飴のように同じセリフを繰り返す。一見緻密な能弁家のようでいて、案外雑なところもあるのは、トップダウンで物事を決める独善的な共産党の体質か。

元警視庁通訳捜査官だった坂東忠信氏が講演で話していたことだが、スーパーで万引きし、現行犯で逮捕した中国人女性を坂東氏が自ら取り調べていたら、「商品が勝手に買い物かごに落ちてきた」と言い張り、現行犯であるにもかかわらず、万引きを認めなかったことがあったという。その抗弁が世間に通用しないことが、中国共産党は分からないらしい。この発想というか、メンタリティは夜郎自大というか、自己中心的な考え方の持ち主でなければ出てこない。世間や国際社会ではまったく通用しないことが分からないのだ。これからも変わらないだろう。

他国から馬鹿にされようとも、他人から馬鹿にされようとも、ご当人は平気の平左なのだろうが、国際社会では通用しないことだけは、知っておいた方が良かろう。汪文斌報道官の発言を聞いて、万引きおばさんのエピソードを思い出した次第だ。

■日本は「闇警」を放置　西欧各国は閉鎖や調査を命令

「闇警」をめぐる最大の問題は、在外華僑や華人らの人権問題のほか、相手国国家主権の問題が絡んでいることだ。何しろ、サービスセンターという名称ではあっても、中国の司法機関の出先が公然と存在することで、その国の司法・警察権が侵害されることは先述した。報告書は「サービスセンターは司法における通常の二国間協力を回避することを可能にする。その国の法治と領土保全に深刻な打撃を与えている」としている。

オーストラリアでもサービスセンターとみられる闇警「海外派出所」が確認されている。豪州の公共放送ABC（電子版）は二〇二二年十月十三日、中国の地方警察が一八年、最大都市シドニーに「連絡事務所」を設置したと報じた。豪州の第二の都市メルボルンでは、中国の工作員が中国系住民の男性に金銭を渡し、総選挙に出馬するよう促していた疑惑が発覚した。男性は豪州当局に相談した後、遺体で発見された。派出所の存在が中国共産党の海外における工作活動を下支えしているとの懸念は強い。

ABCは専門家の言葉として「サービスセンターが置かれている国は、中国警察の活動を監視し、規制しなければならない」と警鐘を鳴らしている（二〇二二年十月二十六日付産経新聞電子版）という。中国政府が言うように、センターが在外中国人の支援目的だというのなら、なぜ、大使館や領事館に置かないのか。独立した「闇警」として存在させる必要があるから、わざわざ別の土地にひっそりと設置しているのではないだろうか。都内の施設も、ホテルだったり、外見ではそうと分からないようになっている。

日本の公安当局には、中国の「闇警」の動向をしっかり監視してもらいたい。

「ＪＵＯ　ＫＡＩＫＡＮ」

東京・神田のＪＲ秋葉原駅から徒歩十分ほどのマンションや雑居ビルが立ち並ぶ場所にある五階建ての小さなホテル。黒い壁に白抜きで書かれた名前のこの建物こそ、「闇の警察」とも呼ばれ、違法性が疑われる中国の出先機関だ。中国共産党中央統一戦線工作部との関係が指摘される怪しげな物件だ。総務副大臣を務めたことのある自民党の松下新平参院議員は、日本福州十邑（じゅうおう）社団聯合総会の高級顧問を務めていたことが分かっている。

東京・秋葉原の非公式警察とされるビジネスホテル（撮影：著者）

郵便ポストには「ＪＵＯ　ＨＯＴＥＬ」と「日本福州十邑社団聯合総会」の表示があった。筆者は二〇二二年の十一月初めに訪れたが、一階の受付にはだれもおらず、開店しているのか、していないのか分からない状態だった。いかにも怪し過ぎる。近所の人は「何も変わったところもないし、そんな怪しい組織が近くにあったとは知らなかった。中国の闇警察？気持ち悪いねぇ」と語った。

秋葉原の「闇警」は、福建省の公安施設とされる。中国が地方組織に分担させる形で、日本全土に非公式な警察の網をかけようとしている疑いすらある。スペインの人権ＮＧＯ「Ｓ・Ｄ」が発表した報告書に、日本の「海外１１０」として記された住所にあったのが、この「ＪＵＯ　ＫＡＩＫＡＮ」だった。

二〇二三年四月十九日付朝日新聞朝刊によると、聯合会の代表理事（当時）が三月、取材に応じ、「警察業務も違法なことも一切やっていない」と語ったという。男性によると、「日中の友好関係を深める」ことを目的に二〇一八年に設立し、会員は福州出身の中国人約二百人で、大半が経営者だという。そして、「昨年春から夏にかけ、中国の運転免許の更新センターに対し、遠隔で免許証更新ができるよう依頼したという。コロナ禍で中国に帰国できない会員のためで、手続きをしたのはあくまで免許更新センターだったと強調した」（朝日新聞）という。

警察関係者の話によると、「S・D」の報告書が「JUO　KAIKAN」の存在を指摘し、それが報道されて以降、マスコミやネット住民などの精力的な現地取材により「迷惑を被っている」として、警視庁管轄の最寄りの警察署に「JUO　KAIKAN」関係者から相談が寄せられたという。自分たちがしている主権侵害の恐れを棚に上げて被害相談する姿は滑稽ですらある。ただ、恫喝されたり、怖い思いをしている在日中国人らがいるとしたらまったく洒落にならないので笑えない。宿泊するわけでもないのに、興味本位で建物に入れば、建造物侵入の現行犯で立派な犯罪になる。そうした事実があれば、いかに闇警と言えども、最寄りの警察に相談する権利はあろう。

高級顧問
日本福州十邑社団聯合総会
2020年4月1日

松下新平参院議員が顧問を
務めていた中国関連団体

中国メディアは海外の「闇の警察」について公然と伝えてきたが、朝日新聞も指摘している通り、現在、それらのサイトの一部は閲覧できなくなっている。日本に進出した中国系企業をめぐる「あるある」である。二〇二二年に山口県岩国市に建設中の上海電力によるメガソーラー施設を取材していた際も、突如として同社のホームページが長きにわたって「工事中」で閲覧できなくなったことがある。復旧後は、それまでホームページに掲載されていた同社幹部らの集合写真などが消えていた。

サイトの閲覧不能――。そんなこともあろうかと思い、中国の関連サイトへの注意を払っていたら取材協力者が「中国知網（正式名称・中国知識基礎設施工程）」という学術論文や雑誌記事を集めたデータベースの魚拓をとっていてくれた。ここでいう魚拓とは、ネット上で証拠となる資料をスクリーンショットした写真を指すネット用語である。記事は二〇〇四年となっており、少なくとも、中国当局（中国共産党中央統一工作部）はこの頃には、海外で闇警の展開を始めていたことが分かる。

翻訳すると、「中国は中国国内で起きた犯罪を取り締まるために警察連絡官を日本に派遣した。将来的には、そのような職員がさらに海外に派遣されるでしょう。ここ数カ月の間、一部の海外中国語メディアは、『中国人留学生の犯罪がイメージ危機を引き起こしている』というタイトルで、日本の福岡県で中国人留学生が日本人一家四人を殺害した事件が報道された。日本における中国人犯罪の増加の問題に対処するため、中国は二人の警察官を東京に派遣している。これに先立ち、中国は米国、タイ、イタリア、トルコを含む五カ国に七人の警察連絡官を派遣した」と書いてある。

中国当局による日本人拘束の項でも触れたが、二〇〇三年六月二十日、福岡県の一家殺害事件とは、福岡市内で、当時八歳と十一歳の子供を含む一家四人が、中国人の元語学留学生ら三人に惨殺された事件のことである。元語学留学生は福岡拘置所で死刑執行され、日本側の協力要請で共犯の二人は中国に逃亡後に逮捕された。一人は死刑、もう一人は無期懲役が確定した。

■中国公文書が全面的に「自供」した「闇警」の存在

「知網」の魚拓に戻る。それによると、「海外に駐在する警察連絡官は、『警察官』および『外交官』として、多くの国で活躍している。彼らは中国同胞の『海外110』として知られる中国警察の明るい名刺を使っている。一九九八年五月、中国の警察が海外での事件を摘発し、逃亡犯罪者を本国に送還し、麻薬犯罪と戦うことを支援するため、中国公安部が駐米大使館に警察連絡官を初めて派遣して以来、わが国の警察連絡官が海外に駐留するのは十六年ぶりで、国際外交の舞台で『警察大使』として活躍している」とある。

ということは、二〇一四年に再び、「警察連絡官」を米国に派遣したことになる。十六年前の一九九八年当時は、駐米大使館への派遣だから、中国当局の言う通り、米国との捜査協力の必要性もあったのだろう。大使館付だから外交に関するウィーン条約にも抵触せず、この時点では即、米国の主権を侵害したことにはならない。だが、二〇一四年は、米国のどこに派遣されたかの記述はない。

ここからは推測になるのだが、米国に派遣した中国が言うところの「警察連絡官」なるものは、一九九八年ころは、正式な外交ルートで駐米大使館に外交官の身分で赴任していた。しかし、留学生など米国移住の華僑の増加に伴い大使館だけでは手が回らず、大使館施設外に分署のようなものを作り、それが水面下に潜って活動するうちに、相手国の主権を侵害しかねない「闇の警察」に性格を変えていったのではないかということだ。

日本の場合、二〇〇三年六月に起きた福岡市内の殺人事件が契機と書いてある。五年後の二〇〇八年三月、日中刑事共助条約が締結されているため、当初米国大使館に派遣されていたのと同様、中国本土から警察官が外交官の身分で日本に派遣されてきた可能性はある。それが同様な理由で、大使館を拠点とした本来業務の手が回らなくなり、十年後の二〇一八年に東京・秋葉原の「ＪＵＯ　ＫＡＩＫＡＮ」設立による「闇の警察」活動を展開していったのではないか。

松野博一官房長官は、「Ｓ・Ｄ」が報告書を公表し、日本のメディアがそれを報道した後の二〇二二年十一月十四日の会見で、産経新聞記者に「ＪＵＯ　ＫＡＩＫＡＮ」のことを問われ、こう答えた。

「警察庁に問い合わせてほしい」――。

耳を疑うではないか。続く二十五日の会見でも、「闇の警察」が日本の主権侵害に当たるかどうかを問われ、「具体的な状況に即して判断すべきものであり、全体論としての答えは差し控えたい」というものだった。捜査当局も完全に盲点を突かれていた形だ。松下参院議員も絡む「ＪＵＯ　ＫＡＩＫＡＮ」の人の出入りと動向をしっかり監視していたとは言えず、松野官房長官も、こう答えるのが精一杯だったのだろう。

参政党の神谷宗幣参院議員が質問主意書で質したのに対し、政府が「外国またはその機関がわが国の領域内で公権力行使をわが国の同意なく行えば主権の侵害と認識する」などと答弁したのを踏まえた質問だった。

林芳正外相（当時）も、同じ年の十一月二十九日の会見で、「仮にわが国の主権を侵害するような活動が行われているということであれば、断じて認められない旨の申し入れを行っている」と述べるのがやっとだ。日本政府の対応を批判された上でようやく重い腰を挙げたものだった。

情報収集能力を悟られないためにちょっとしたことでも答えられないという事情は分からないでもないが、他の欧米諸国と比べればあまりに対応が遅いと言わざるを得ない。さきに紹介したオランダと同様に、アイルランド政府も「中国からの事前申請はない」（同国政府）とし、中国「闇の警察」の閉鎖を要求し、一部はすでに閉鎖された。

■イタリアでの成功体験が「闇警」の原点か

米国は「適切な連携なく米国内に拠点を構えるのは言語道断」（クリストファー・レイFBI長官）とし、イギリス、ドイツ、カナダ、チェコの各国は「調査する方針」、唯一ハンガリーだけが、「中国警察の存在は未確認」と配慮を示しているが、これは想定内だ。ハンガリーのオルバン政権は親中路線を貫き、中国の巨大経済圏構想「一帯一路」にしっかり組み込まれているからだ。首都ブダペストへの中国・上海の復旦大学のキャンパス誘致を進め、地元の猛反発を招くなどしている。

「S・D」の報告書によると、二〇一四年以降、中国は海外から一万人以上を強制的に帰国させているという。離婚裁判などをリモートで行う「海外法廷」なども設置しているとし、日本国内ではまだ確認されていないが、これらの存在も今後、世界各地で問題化すると思われる。留意したいのは、「闇警」が跋扈するようになったきっかけだ。二〇一六年から始まったイタリア警察と中国警察による合同パトロールである。ローマ、ミラノ、トリノなどで、十日間〜三週間、中国とイタリアの警官四人ずつが一組となって市内を巡回パトロールし始めたことである。中国の警官は制服着用だが非武装だ。表向きは、増加する中国人観光客やイタリア在住中国人の保護が名目だ。だいたい、海外派兵するときは、「自国民保護」を大義名分とするものであり、大変危険な理由づけである。想起するのは、清朝末期の一九〇〇年に中国・山東で起こった中国民衆による排外運動「義和団事件」だ。イギリス、アメリカ、ロシア、フランス、ドイツ、オーストリア＝ハンガリー、イタリアら欧米七列強と日本が、自国民保護を主な理由に出兵した。

中国「闇警」が世界中で増える起爆剤になったのは、イタリアとの合同パトロールによる中国自身の成功体験にある。少なくとも筆者はそうみる。最近ではタイにおける中・タイ合同パトロール構想が、タイで非難を浴びている。堂々とした合同パトロールが許されるのなら、非公式に警察署に準じた組織を「サービスセンター」などと称して相手国に設置しても、構わないだろうという発想がエスカレートしていったのである。中国にしてみれば、イタリア警察の通訳代わりに、自国民保護の名目で海外（イタリア国中）を制服で闊歩できる。イタリア国内に逃亡した刑法犯の取り締まりにとどまらず、場合によっては、中国から避難した政治犯をも監視や取り締まりの対象とすることも可能なのだ。

イタリア当局にとっても、急増した在イタリア中国人（華僑）の取り締まりに手を焼いていて、中国の警官が一緒に取り締まってくれるのであれば、心強いとでも考えたのか。あるいは、為政者が袖の下をもらい、イタリア自身の主権侵害を招きかねない中国警官との合同パトロールを許可してしまったのか。イタリア政府は、中国当局と公式に行ってきた合同パトロールとは別に、イタリア北部を中心に「闇の警察」が存在しているとみた方がよかろう。

これは他人事ではない。近未来の日本や諸外国でも起こり得ることなのだ。だからなぜ、イタリアが中国にいいようにされてしまったのか、もう少し背景をみておきたい。

イタリア北部には、ブランド品の製作のため、中国浙江省温州などから手先の器用な中国人が多数移住している。温州の人々がみなそうだとは言っているわけではない。イタリアのメーカーにとって、完成度の高い偽物を造られて実害を被るくらいなら、いっそのこと、手先の器用な彼らを移住させて本物づくりに精を出してもらう、というイタリア人の苦肉の策である。その結果、イタリアにどれだけ多くの中国人が移民したのか。

静岡県立大学のサイトを見てみよう。イタリアと中国警察の合同パトロールからさかのぼること十年も前に、すでに中国人が大量に押し寄せていた。二〇〇七年夏、イタリア北部のフィレンツェ大学に客員研究員として訪問滞在する機会に恵まれ、同大経済学部の教授の協力を得ながらトスカーナ州のフィレンツェ近郊にあるプラート（繊維産地）地域のフィールド調査を行ったという静岡県立大学関係者の報告がある。

それによると、プラートには当時約八千社の企業が活動をしていると言われ、そのうち約千五百社が中国人系の企業であり、しかもそのほとんどが中国の温州出身であることが当時の調査で明らかとなった、という。プラート地域の人口十七万人のうち、中国人は二万五千人。不法滞在者を含めると、少なくとも三万人以上にもなるといわれている。プラートの中華街通りを歩くと、すれ違う人々のほとんどが中国人と言っていいくらい、実におびただしい人数の中国人の姿を見ることができる。「ここが本当にイタリアなのか」と自分の目を疑いたくなるほどである、と静岡県立大学からフィレンツェ大学に出向した客員研究員は報告している。

プラート地域の中国人系企業は、素材（糸や生地）関連分野に従事しているイタリア企業との競合を避けて、主に完成服（既製服）作りの分野に特化しているという。原材料をプラートまたは中国の温州地域から仕入れ、プラートの工場で賃金が安く、多くの不法滞在者を含む中国人従業員を使って完成品を生産するというのが、彼らの事業展開の基本的なパターンとなっている。完成服の製品はイタリア国内やEU域内で販売されるし、Made in Italy として海外にも輸出されている。筆者に言わせれば、Made in Italy by Chineseである。

ファッションの街、ロンバルディア州首都のミラノ市で二〇〇七年四月、駐車違反の切符を切られたことに腹を立てた中国人移民の女性が暴れ、これをきっかけに中国人が暴動を起こし、イタリア人警官十四人が負傷する事件があった。静岡県立大学の関係者がフィレンツェを訪れる数カ月前のことだ。その前の都市の二〇一六年には、まさにフィレンツェ市で、市衛生当局と警察当局の工場への立ち入り調査に腹を立てた中国人移民三百人が暴れる事件が起きている。労働環境への不満などが背景にあったとみられる。後述する南アフリカや途上国の場合、経済支援で海外に駐在する中国人が、地元の暴漢に襲撃されて死傷するなどの被害が出たことを理由に、華僑支援組織の設立を相手国に認めさせ、事実上の警察活動を行い始めている。

中国人移民が増えたことも背景にあったのだろう。二〇一九年秋、新型コロナウイルスが中国・武漢で感染が拡大し始めたころ、欧州で最初に感染爆発（パンデミック）したのが、イタリアのそれも北部地域だった。イタリアはドイツやフランスなどEU（欧州連合）各国はもとより、同盟国のアメリカからも中国との距離の取り方について、陰に陽に忠告を受けていたにもかかわらず、中国と人的、経済的交流を深め、どこよりも早く、どこよりも被害の大きいパンデミックの犠牲者を出してしまった。目先の利益に目がくらむと、ろくなことはないという事例の一つといえよう。しかし、イタリアはじめ欧州で、黄禍論が公然と語られたのには、同じアジア人として憤りを感じた。黄禍論とは黄色人種が白人を凌駕するおそれがあるとする主張だ。十九世紀の日清戦争を機に欧州で台頭し、フランス、ロシア、ドイツによる三国干渉の理由付けにされた人種的偏見に基づく。

さて、経済的に苦境にあった当時のコンテ伊首相は二〇一九年三月二十三日、イタリアを訪問した習近平国家主席と、中国が掲げる巨大経済圏構想「一帯一路」に協力する内容を盛り込んだ覚書（ＭＯＵ）を交わしてしまった。Ｇ７の中で、いの一番に中国の札びら攻勢の軍門に下ったイタリアは情けない。Ｇ７の落ちこぼれが、いつの間にやら一帯一路の優等生だ。「ローマは一日にしてならず」というが、日本には「築城三年、落城一日」という格言がある。十九世紀イタリア統一の英雄、ジュゼッペ・ガリバルディも草場の陰で泣いていよう。二〇二三年九月、メローニ伊首相がインドで、中国の李強首相との会談で、一帯一路から離脱する方針を伝えた背景に、米国からの圧力を指摘する向きもあった。

さて、二〇一九年当時、日本人も驚くほどのお人好しぶりを発揮しているイタリアを尻目に、中国国営通信「新華社」（十一月六日付電子版）はイタリア警察幹部の話として、「中伊合同パトロールはお互いの文化と職業を知る良い機会だ」というコメントを嬉しそうに伝えている。イタリアにおける合同パトロールは、イタリア在住の中国人や中国人観光客の安全を守るという建前だが、本当の狙いは「闇警」と同様、イタリア国内における反体制派の炙り出しだ。そうした政治犯と関りのある外国人（日本人を含む）も、取り締まりの対象になっていくであろう。

中国当局が日本政府に対し、刑法犯を理由に、日本にいる中国人「政治犯」の身柄引き渡しを要求してきたらどうするのか。中国人どころか、日本人の引き渡しを要求してきたら日本政府はどうするのか。この点については、第一章をご覧いただきたい。

■東京・銀座、名古屋市内、福岡県にも「闇警」

イタリアの現状に近未来の日本を重ね合わせていたら、新たな情報が飛び込んできた。東京・秋葉原以外にも「闇察」があるというのだ。東京・秋葉原に続き、東京・銀座のど真ん中にある雑居ビルの一室だ。その後の調べで、福岡県内や名古屋市の久屋大通り公園に面した雑居ビル内に拠点を構えていたことが新たに判明した。

福岡県内の「闇警」は、二〇二二年五月十五日付の中国共産党江蘇省委員会新聞（電子版）に堂々と報じられていた。そこは「S・D」の報告を待つまでもない。「闇警」を設置した当の中国当局が、内外向けに堂々と発信していたのだから、その国際感覚には驚く。当時はまだ、ここまで国際社会で問題視されるとは考えてもいなかったのだろう。むしろ、誇らしげに報じているのだから、あきれるではないか。中国当局は今になって、関連サイトが閲覧できないよう、一部のサイトをバタバタと閉鎖している。

中国共産党江蘇省委員会新聞（二〇二二年五月十五日付電子版）は、「南通市、警察と海外華僑の共同勤務のための十の措置を導入」との見出しで、国内外の南通市公安（警察）と海外在住の中国人である華僑の「連携サービス」を改善するとしていた。南通市は上海市に隣接する人口約七百七十万人の巨大都市だ。この記事が意味するのは、江蘇省の中核都市である南通市の党委員会が北京市の党中央とは別に、福岡県内に「闇警」を設置していたという事実である。

電子版によると、「連携サービス」は学校やビジネス、車両管理、各種証明書の取り扱いなどを行うと説明していた。気になるのは以下の記述だ。「暴力犯罪、サイバー犯罪などと戦うため公安機関の役割を果たす。海外での法執行、警察連絡官やビザ審査官による調査」を行うとしている点だ。

また、「南通市の非公式警察署が二〇一六年二月に設立されて以来、百二十件以上の事件処理に参加し、帰国を説得された八十人以上の犯罪容疑者を逮捕し、千五百件以上の警告を発した」と成果を誇示している。

名古屋市内にあることが分かった「闇の警察」は、米首都ワシントンにある保守系シンクタンク「ジェームズタウン財団」が、二〇一九年年一月五日付電子版で公表した報告書で、銀座とともに、すでにその存在を指摘していた。報告書は、二〇一八年十月に南アフリカ共和国に設立された「警察協力センター」について、「純粋な警察組織とは言えないが、中国共産党政権と深い関係にあるという点で、警察組織のようなものだ」と指摘する。南アフリカに設立されたこの「警察協力センターこそ、現在、世界各地で主権を侵害している疑いから問題視されている中国「闇警」の前身となっていたようだ。報告書は中国当局が「警察協力センター」と呼ぶ「闇警」と、南アに駐在する中国大使館の関係について、「両者とも、南アにいる中国人の生命と財産を保護するための組織であると強調している」という。

警察協力センターなどと、ここまで堂々とその存在を明らかにしている以上、もはやこれは「闇警」のレベルを超えている。戦前の上海がそうだったように、海外租界に駐留する武装警察そのものだ。実際、「闇警」と中国大使館は中国共産党による海外向け政治プロパガンダを担う党中央統一戦線工作部（統戦部）の指揮下にあると、ジェームズタウン財団の報告書は指摘する。

習近平国家主席の掲げるスローガンを繰り返し発信するなど、政治目的を持っていることが明らともいう。南アの「警察協力センター」は現在、中国国務院華僑事務局が二〇一四年に設立した「華僑サービスセンター」の一部となった。華僑事務局は二〇一九年、統戦部に統合されたため、警察協力センターは華僑事務局の孫組織、すなわち統戦部の下部組織になっていることになる。評論家の石平氏は筆者の電話取材に対し、日本国内に点在する「闇警」について、「正直、驚いた。中国共産党江蘇省委員会新聞などによると、民主活動家や一般の中国人の監視や妨害活動などやりたい放題だ。人民解放軍による上陸は歴然とした侵略だが、中国公安警察の公然とした上陸もれっきとした侵略だ」と語る。日本政府の鈍い対応について、石氏は「闇の警察は取り締まらなければならない。最低限、閉鎖させねば、日本の主権侵害を許容したことになる」と批判した。岸田文雄首相は、日本国内の「闇の警察」を洗い出すよう捜査当局をはじめ関係機関に指示を出し、場合によっては即刻閉鎖させるべきである。

■中国本国の家族を恫喝して帰国を強要

「闇警」は、海外にいる反体制派の中国人を監視し、帰国を迫る拠点として機能しているようだ。中国に残した家族の安否を材料に監視対象者を恫喝する手口を使う。オランダに亡命したハーグ在住の中国人民主活動家、王靖渝さん（二十一）が、産経新聞のパリ支局長、三井美奈記者に実態を語っている（二〇二二年十一月二十七日付産経新聞電子版）。それによると、王さんは、中国・重慶市の出身で、香港の民主化運動への支持をＳＮＳで発信して中国当局に追われ昨年、ハーグに逃れた。王さんは、「ロッテルダムの『海外派出所』から二月以降、何百回も電話があった。『中国に戻れ』『両親がどうなるか分かっているのか』と脅された」と証言する。今月初めには「お前を殺す」「ドイツからそちらに向かっている」と通告され、生きた心地がしなかった。王さんによると、ドイツから来たという男は駆け付けたオランダ警察に聴取されたという。オランダ警察は「この件では、何も言えない」と明言を避けている。

日本国内でも、「闇警」に脅されていた中国人男性、石明さん（仮名）が「大紀元」の取材に応じている（二〇二三年四月十九日付電子版）。石さんは「闇警」の捜査員が脅迫と利益誘導を併用していると、その手法を打ち明けた。男性は「大紀元」の取材に対し、「中国の国家安全部は私の情報をすべて把握している。彼らは私の離別した妻に多額の金銭を渡し、スパイにならなければ、子供に会えなくなるぞと脅してきた」と証言した。

石さんは、「昨年（二〇二二年）十二月十六日だった。新宿で闇警である中国秘密警察署の四人に囲まれ『話をしよう』と言われた。良くない雰囲気を感じとり、『忙しいのでまた今度』と断った。しかし、そのうちの一人が『（自分達は）どこの者か知っているはずだ』と凄んで、私の携帯電話を取り上げた」という。勧誘は次第にエスカレートしていき、「アメとムチ」で石明さんの生活を翻弄した。仕事関係先に嫌がらせをするほか、高額報酬で情報収集の協力を求めることもあったという。提示された額は年収千六百万元（約三億円）」だった。中国国内の公安当局者から電話がかかってくる場合もあったという。

こんなことが、日本国内でまかり通っているのである。日本政府はいったい、何をやっているのか。脅迫されたり、スパイにリクルートされたりした中国人の配偶者が、仮に日本人であっても日本政府は見て見ぬふりをするのだろうか。傍観は許されない。

オランダ以外にも、スペインやセルビア、モザンビークでも確認されている。中国当局は、相手国と「犯罪人引き渡し条約」を結んでいなかったり、「刑事共助条約」を結んでいなくても、れっきとした刑法犯であれば相手国の捜査当局に証拠を示して身柄の引き渡しを要求することができるはずだ。警視庁により、暴力行為等処罰法違反などで逮捕されたユーチューバーのガーシーこと東谷義和元参院議員は、日本側が滞在先のアラブ首長国連邦（ＵＡＥ）に国際手配し、事実上、

ＵＡＥによる強制送還の形をとって身柄を拘束した。

本当に刑法犯が海外にいて、逃げ得を許してはならないと中国の捜査当局が考えるのなら、相手国の捜査当局と粘り強く交渉すれば良いだけのことだ。中国本国にいる拘束対象者の家族が「不利益を被るゾ」などと対象者を脅すことなど、もってのほかだ。

気を付けねばならないのは、監視や違法な「捜査」対象が、中国人以外の反中的な言論人などにも拡大される恐れがあることだ。「Ｓ・Ｄ」によると、「闇警」は五十四カ国計百二カ所ある。欧州など十数カ国が実態調査に乗り出している。だが、筆者が取材を通じて知り合った在日中国人に聞いたところ、華僑聯合会のある土地には必ず、大なり小なり「闇警」があるといい、「日本人も警戒した方が良いよ」と逆にアドバイスされてしまった。

林芳正外相は二〇二〇年十一月二十九日の会見で、「仮にわが国の主権を侵害するような活動が行われているということであれば断じて認められない」と述べたが、もうすでに主権を侵害されていることは、中国側の発信で明らかではないか。岸田文雄首相は国民に見える形で、日本の警察当局に徹底調査を指示すべきである。

■「闇警」社長へ電話インタビュー

東京都内をはじめ、全国規模で設置されていることが判明している「闇警」とされる会社代表

A氏が、筆者の電話インタビューに応じた。もともとは、対面でのインタビューに応じてもらう手はずだった。しかし、A氏から予定していた日時に「外せない仕事が入った」という理由で対面インタビューを断る電話が職場にかかってきた。このため、匿名を条件に急きょ電話で、「闇警」に関する事情を聞くことになった。

A氏がなぜ、筆者の取材に応じてくれることになったのか、活字で手の内を明かすのは憚られるので遠慮しておく。週刊誌やテレビなどの取材では、かなりの額の謝礼を渡してインタビューに応じてもらったりすることがよくある。それは実際に謝礼をもらって取材に応じたことのある人物から直接聞いた話である。その人物がとあるテーマで週刊誌の取材に応じていたので、筆者も遅ればせながら取材を申し込んだら、多額の謝礼を要求された。週刊誌を発行している出版社から、これだけの金をもらったと。筆者が所属していた産経新聞社ではインタビューのための多額の取材費が出ないので、断った。

青臭い書生みたいなことを言うつもりはないが、筆者は謝礼の対価として取材に応じてもらったことは新聞社に入社以来、一度もない。だから謝礼を払っていれば取材出来たかもしれないのに出来なかったことは、枚挙にいとまがない。別に謝礼を払うのが悪いと言っているのではない。取材手法は人それぞれ、媒体それぞれであろう。取材費としての謝礼を払う資金的な能力がないために嫉妬して言っているわけでもない。取材にかかる交通費や打ち合わせのための飲食費などをケチってきたと言っているわけでもない。今でも真相を究明するための取材過程で、買収して活字にしたものにどれほどの説得力があるのか疑問に感じるから、取材謝礼を要求されても断るようにしている。周辺取材を続けて事実を積み上げ、取材対象が逆に、こちらがどこまで情報をつかんでいるのか知りたいと思わせる粘り強さこそ欠かせないと思っている。

取材手法のイロハや金を使わぬ高度な取材テクニックについては別の機会に委ねるが、せっかくこの本を手にとっていただいたので、一つだけお伝えしたい。とある刑事のヤサ（隠語、自宅住所）を割り、夜討ち、朝駆けを行う。警視庁捜査一課のような、凶悪事件を扱う部署の刑事と違って、筆者の担当した捜査二課は汚職や経済事件などの内偵ものが多く、捜査している事実が漏洩したら最後、犯人が証拠を隠滅し、場合によっては高飛び（隠語、犯人が遠くに逃げること）してしまう。だから記者との接触は厳禁なのだ。当然、夜討ち朝駆けして何時間も待ってようやく会えても、刑事は口もきいてくれない。植え込みの植物よろしくオブジェ扱いである。人としてどうかと、何度も疑問に思い、腹立たしくも思ったが、取材のやり方が甘いと感じ、刑事を落とすための別の作戦に出た。もちろん、取材した事実を積み重ねて「こんな事案がありますが……」などといって、疑惑の会社の登記簿謄本を見せたり、会社情報を見せたりするのはイロハのイ。刑事の自宅では奥さんが美容院を経営していたので、妻を送り込んでカットだけでなくパーマまでしてもらうなど、割引券をもらって一年以上、通わせたりした。夜な夜な、飼い犬の散歩を一緒にするようになってからこの刑事に聞いた話では、とうの昔に筆者が妻を美容院に通わせていたことは分かっていたのだそうだ。妻は一切、筆者の職業を口外しなかったと言い張ってはいたが、ついつい、世間話から刑事の奥さんには薄々筆者の存在を感づかれていたようだ。取材謝礼の現金ではなく、人としてお中元を贈った際のことだ。A社のハム詰め合わせを送ったら、同じ値段のB社のハムの詰め合わせを送り返してきたのには驚いた。

ここで、取材のイロハに関する筆者の説教を聞きたくない、「ご高説」は不要という声も聞こえてこないではないが、体に染みついた独自の取材手法は、栃木県警や警視庁、首相官邸、外務省などの捜査当局や分厚い壁のある役所への取材を通して培った。考えてもみてほしい。捜査当局や官僚、政治家への取材でいちいち謝礼と称して現金を渡す記者がいるわけはない。いくら取材とはいえ、贈収賄罪という歴とした犯罪になる。

テレビアニメのサザエさんに出てくる三河屋さんのサブちゃんだって、磯野家の勝手口に回って、ただ注文を聞いているわけではないのである。外のビールケースにある空き瓶の割合や前回受注した品種や品数などを頭に入れた上で、あれこれ購入を勧めてきたりする。サザエさんやフネとのやりとりがインタビューだとすれば、サブちゃんにとって、これもれっきとした取材準備である。

というわけで、今回は、入社後、最初の配属先である宇都宮支局で栃木県警を担当していたころから、さらには、バブルのはじけた平成三年からオウム真理教による地下鉄サリン事件が起きた七年まで、警視庁に寝泊まりしながら経済事件や組織暴力事件を担当していた記者時代、自分が培った経験で編み出した特殊な取材手法を使ってインタビューにこぎつけた。それまでに二カ月を要したことを記しておく。

さて、A氏が代表を務める会社は西日本エリアに拠点を持つ。主に製造、販売などを事業の柱としている。会社の代表は中国・上海市周辺の出身で数年前に日本に帰化したのだという。A氏によると、正確にはこの会社が拠点となり、非公式な警察活動を行っていたのではなく、すでに会社を辞めた同僚のB氏が、華僑を中心とした親睦団体を拠点に、日本にいる民主活動家や中国人留学生に関する情報収集を行っていたのだという。

驚くのは、B氏がどんな情報収集を行っていたのかを筆者が問うたときだ。A氏は「スパイだよ、スパイ」と語ったのだ。なぜそんなことを平然と言えるのか不自然に思ったため、ストレートに「スパイ行為と言う言葉はあからさま過ぎて、にわかには信じ難い」と伝えた。すると、A氏は「中国や中国人、それに二十代のときに来日してから中国で生まれ育ったより長く住んでいる日本は大好きだけど、中国共産党は大嫌いなんですよ。だから本音を言うのよ。何でも協力するよ」と語った。

と言われても、筆者はまだピンと来なかった。「本当かいな」。そう思いながらも、知り合いの中国人も似たタイプがおり、日本人なら思っていても、決して言わないことをズケズケ言うことを思い出した。A氏も案外本音を言っているのではないかと思いつつ、取材を続けた。ちなみに、このことを別の知り合いの中国人女性に話したら、「中国人ってけっこう人懐っこいところがあるのよ」と笑いながら話してくれた。これが同じ中国人であるばかりか、福建省など同じ地域の出身だったり、父系の祖先が同じ宗族だったりしたら、それこそ、家族同様、あるいはそれ以上の扱いを受けるのは想像に難くない。すぐに打ち解けたり、信頼関係を築けたりするのは容易なことだろうと推測する。

A氏の同僚B氏の話に戻る。人民解放軍出身のB氏が、さきの親睦団体を拠点に、優秀な中国人留学生を共産党に入党させるためのリクルートを行っていた。これだけだと、スパイ行為をしていたとは言い難い。しかし、反中国共産党活動や思想を持っているとみられる在日中国人らの監視を行っていた可能性について、A氏は、B氏との雑談の端々から「間違いない」と語った。しかも、これらの活動は中国領事館の指揮下にあったはずだという。A氏によると、親睦団体は在日中国領事館の指導の下、反習近平国家主席や反共的な危険分子の炙り出し、中国本国から通報を受けた海外逃亡犯などを追跡する役割を担っていたという。

結局、B氏は経営上の金銭トラブルからこの会社を辞めたが、リクルート活動や情報収集は続けているはずだ、という。優秀な日本への留学生を共産党に入党させることができれば、それがB氏の実績となり、B氏自身も正式な共産党員になって前途洋々の人生が拓けるという理由もあるらしい。A氏は「在日華僑、華人の親睦団体のある場所には海外警察＝闇警があると思っていい。ということは全国各地、四十七都道府県全部にあるということだ。日本人は脇が甘いし、お人好し過ぎる。たくさんの日本人に世話になっているから、友達の日本人（A氏も日本国籍を取得している）の悪口は言いたくないが、中国への見方をもっと厳しくしないと。ヨーロッパの国では海外警察を閉鎖させているでしょう？　日本政府も不当な活動はやめさせなければいけないよ」と語った。

■FBI、カナダ警察が強制捜査を実施

日本にはびこる中国の「闇警」だが、米国では強制捜査の対象となっている。米ケーブルテレビCNNなどによると、米連邦捜査局（FBI）は二〇二三年四月十七日、中国人工作員と疑われる二人を逮捕した。押収した携帯電話を調べると、二人と中国公安省当局者のやり取りが削除されていた。逮捕された盧建旺容疑者と陳金平容疑者は、ニューヨークのチャイナタウンで秘かに「闇警」活動をしていた疑いが持たれている。両容疑者は米国籍の保有者だった。二人は共謀して、中国政府の代理人として活動し、司法妨害を試みた疑いで訴追された。

一人は中国の司法当局と長年にわたって関係を築いていた。中国の習近平国家主席が二〇一五年に米国を訪れた際、中国の法律で禁じられた宗教のメンバーに対する米首都ワシントンでの反対運動に参加した。このときの取り組みを評価され、公安省から表彰を受けたという。ニューヨーク東部地区の連邦検事は声明で、「ニューヨーク市の中心部に秘密の警察署を設けて、中国政府が我が国の主権を露骨に侵害したことがあらわになった」と指摘した。

連邦地検の報道官によると、「闇警」は二〇二二年秋に捜索令状が執行された後、閉鎖された。盧容疑者は二十五万ドル、陳容疑者は四十万ドルの保釈金を支払い釈放された。中国領事館から半マイル（約八百メートル）を超える移動や共謀者との連絡は禁止されている。また、米司法省は、米国在住の反体制派の発言封じや嫌がらせを試みたとして中国人三十四人を訴追した。司法省によると、三十四人はいずれも中国在住で、身柄は拘束されていない。三十四人は中国に対する世界の見方に影響を与えることを目的とした特別プロジェクトの取り組みに参加していたとされる。このうち工作員二人はＳＮＳを使って中国に好意的な内容を投稿したり、米国や中国人の民主化活動家を含む「敵とみなした」存在を攻撃したりした疑いがある。違法運営されていた警察署は「初めて確認された米国内の闇警」で、中国公安部のために設置されたものだという。

工作員二人は、中国公安部の指示で、米国民が運営しているように見せかけたアカウントを創設、維持していたとされる。プロパガンダの話題としては、米国外交や香港の人権問題、ロシアのウクライナ侵攻、新型コロナウイルス、警官による黒人殺害事件をきっかけに起きた人種的公正を求めるデモなどがあったという。

オルセン米司法次官補は声明で、「中国は抑圧的な治安機関を通じ、反体制派や政府に批判的な人を監視、威嚇するための秘密拠点をニューヨークに設けた」と指摘し、「中国の行動は許容される国家の行動の限度をはるかに超えている。われわれは断固として、米国に住む全ての人の自由を専制体制の抑圧の脅威から守る」と述べた。

これに対し、中国外務省の汪文斌副報道局長は四月十八日の記者会見で「いわゆる海外の警察署は存在しない」と主張した。「中国は内政不干渉の原則を堅持し、国際法を厳格に順守している」と強調した。

もちろん、言っているご当人が、本当に存在しないなどと、自らの発言を信じているとは思えない。この発言にはレトリックがあって、後に存在がバレた際の言い訳が込められているとみられるからだ。

汪文斌副報道局長が存在を否定した「いわゆる海外の警察」というのは「S・D」の報告書やさまざまな報道が指摘した他国の主権を侵害する闇警のことであり、他国に内諾を得た「海外110」は存在すると言える余地を残しているのだ。

実際、海外警察に関する情報発信については、先述した通り、魚拓がしっかり残っている。魚拓だけではない。東京・秋葉原の「闇警」を含む世界の「闇警」メンバーが赤い横断幕を掲げ、声高らかに、元気よく、中国語と現地の言葉で新年のあいさつをしている動画も出回っている。機会があれば、ぜひご覧いただきたいと思う。

闇警の存在を示すものはまだある。中国人民公安大学関係者がまとめた論文が中国・山西警察学院会報に掲載されていたのだ（二〇二一年一月二十八日付電子版）。

テーマは「国際警察協力における『非公式協力』の分析」。学術論文風に仕上がっているのが興味深い。さすがの汪文斌副報道局長も、この論文自体は否定できまい。それによると、世界はいま、グローバル化の傾向が強まり、国境を超えた犯罪、テロ、不法移民などの非伝統的な安全保障問題が発生しており、効率とスピードという点で正式な国際警察協力のみに依存していては、これに十分対応できないから、非公式の国際警察協力の必要性が高まっている——という。

論文は、国際警察協力には、二国間警察協力、地域警察協力、世界警察協力があり、内容や役割に応じて国外での追跡、捜査、証拠収集などの国際捜査協力、中国とクロアチアの共同パトロール活動などの国際共同法執行などがあるという。本書ではイタリアとの共同パトロールを取り上げたが、クロアチアのケースと同様である。

非公式の国際警察協力の定義として、公式の警察協力を補完する重要なものであり、具体的には、信頼、非公式の契約、口頭による合意、共通の価値観や文化などに基づいて警察の協力対象者によって確立された非長期的な協力を指す——としている。

闇警に対する日本政府の動きが鈍いのは、中国側と何らかの裏取引があるわけではなかろうが、ここまで堂々と論じられると、日本政府には、きちんと否定してもらいたいものである。

論文は、非公式の国際警察協力について、

（一）協力コストを削減できる
（二）さまざまな安全保障上の脅威に効率的に対応できる
（三）ただ乗りを防止できる。ここで言うただ乗りとは、自分たちは海外に逃げた自国の犯罪者を摘発してもらう一方、自国に逃げ込んだ相手国の犯罪者の摘発には関心を示さないことである。

（四）非公式の警察協力は公式の警察協力の発展を促進することができる
（五）非公式の国際警察協力は、自国の公安業務の国際化という開発目標に適合している
（六）海外駐在警察連絡官の役割を十分に発揮する
（七）多面的な非公式の国際警察協力のネットワークを近隣諸国から他国に構築できる

まとめとして、グローバルな安全保障の問題が顕在化する中、中国は機会をつかみ、相手国とウインウインの協力関係を構築し、非公式の国際警察協力の強力な力を十分に発揮し、国際警察協力の全体的な発展を促進し、継続的に深化すべきである――と述べている。

何ともはや、中国共産党の公安関係者の頭の中では、国家間の正式な警察協力には、非公式な警察協力が不可欠であるという独善的な脳内変換が行われているようである。

汪文斌副報道局長の「いわゆる海外の警察署は存在しない」が、自分たちの勝手な解釈に基づく相手国との非公式な警察協力は行っているということか。

■カナダ、韓国も捜査に動く

カナダにも「闇警」が少なくとも四カ所あるとされる。現在は「活動停止」を余儀なくされているという。王立カナダ騎馬警察（ＲＣＭＰ）の警視副総監マイケル・デュエム氏は二〇二三年三月二日、カナダ連邦下院の常任委員会に出席し、中国の「闇警」四カ所について、「われわれの理解では活動停止となっている。引き続きわれわれは調査する」と述べた。保守党のラケル・ダンチョ議員の質問に対して回答した（二〇二三年四月十九日付「大紀元」電子版）。カナダ警察は「闇警」とされる地方都市商工会の入居するビル周辺で監視を行っていた。カナダ国内にはトロントに三カ所、バンクーバーに一カ所、もう一カ所は所在不明だが五つあるとの見方もある。

「Ｓ・Ｄ」幹部は二〇二三年二月、東京で開かれた人権外交に関する国際会議「対中政策に関する列国議会連盟（ＩＰＡＣ）」に出席し、Ｇ７広島サミットで、日本が議長国としてこの問題を提唱し、最終的な共同声明にも明記されることを期待すると述べたが、新聞発表でそうした会話が交わされたとの報道はまだ、お目にかかっていない。

実は、「Ｓ・Ｄ」の調査で、韓国の首都ソウル市松坡区にある中華料理店「東方明珠」も中国の「闇の警察」になっているとの疑惑が浮上した。暮れも押し迫った二〇二二年の十二月二十九日、料理店支配人が店舗前で記者会見を開き、疑惑を否定した。だが、中国当局との関係について言及は避けたことから、疑惑を深める結果となった。王海軍氏は、韓国に二十年近く住む在韓中国人（華人）で、韓華中国和平統一促進連合会会長、中国在韓僑民協会の総会長、社団法人中華国際文化交流協会の会長など中国当局に近い組織の幹部を務めてきた。また、中国の地上波テレビ局協力会社であるHG文化メディアの代表でもある。王氏は以前メディアで、「在韓華僑として、祖国統一と民族の偉大なる復興を実現するために、悔いの残らない貢献をする」と語ったこともある。韓国紙「中央日報」によれば、韓国捜査当局はすでに、この「闇警」について、主権侵害や司法妨害などの疑いで調査を始めている。この中華料理店は、ソウル西部の国会議事堂真正面の九階建ビルに事務所を構え、同じビルに中国中央テレビも入っている。

英字紙「コリア・タイムス」の取材に応じた「S・D」キャンペーンディレクターのローラ・ハース氏は「基本的自由と民主主義に脅かす、国際秩序の露骨な違反行為に対抗するため、民主主義国が協働するよう希望する」と述べた。韓国外務省は、現在、各国と連携して状況を確認しているところであり、「現時点で公表できる情報はない」としている。

これに対し、在韓中国大使館は疑惑を強く否定するとともに、「海外の警察署（闇警）」なるものは一切存在せず、この一件に関するいかなる報道も根拠がないとした。米FBIやカナダ捜査当局が強制捜査したときと、まったく同じ反応である。

オランダ、アイルランド、米国、カナダ、韓国のほか、ドイツ、オーストリア、チリ、チェコ、イタリア、ナイジェリア、ポルトガル、スペイン、スウェーデン、英国などが調査に乗り出している。残念ながら、日本をはじめ、フランス、ブラジルなど十六カ国は未だ公式な対応を発表していない。

中国当局による日本人の身柄拘束問題でも話を聞いた、元警視庁公安捜査官で、日本カウンターインテリジェンス協会代表理事の稲村悠氏は摘発の難しさを次のように語る。

「アイルランドやオランダでは、非公式拠点である中国の海外110には退去を命じており、米国でも、下院で海外110の対処について議論が継続中だ。ただ、日本の現行法で摘発しようとすると『脅迫』などが適用される。でも、脅迫行為は大した罪にはならない。そういう脅迫程度であれば、中国側は内部通報を恐れていることもあり、表面化することはほとんどない。しかも、非公式警察は堂々と場所を借りているから拠点潰しも簡単にできないのが実情だ」

別の公安関係筋は、闇警が党中央の意向で動いているとの見方に対して、疑義を挟む。国防動員法を想定した有事の準備活動というよりも、国家情報法の制定など、国内外での統制を厳しくしている習近平国家主席への忠誠心を示すため、地方の政府(地方の公安当局)による点数稼ぎ競争が過熱した結果が、国際社会に広がる海外110の現状なのではないかという。

確かに点数稼ぎ競争はあるだろう。それは中国当局に二千二百七十九日間、拘束されていた、元「日中青年交流協会」理事長の鈴木英司氏も指摘していたことだ。

ただ、闇警は年々、その性格を変えつつあるというのが筆者の見立てだ。おさらいすると、もともとは二〇〇三年六月に起きた福岡県の一家四人殺害事件を機に、中国人による海外での凶悪犯罪事件に捜査協力していく必要性に迫られた中国の捜査当局が着手したのが、日本との公式の警察間協力だった。日本にとっても、中国に逃亡した犯人を捕まえることができるなど、それなりに奏功した。

この四年後の二〇〇七年四月、イタリア・ミラノ市で起きた中国人暴動事件がきっかけでイタリアとの合同パトロールにつながっていく。さらには、国家安全法が施行されて言論統制や情報管理が厳しくなった二〇一五年以降、南アフリカのようにときには公然と二国間警察協力を締結して公然と海外110を発足する一方、別の国では水面下に潜って闇警となって相手国の主権侵害の可能性が疑われるまでに至った——というわけだ。

この間、闇警は習近平国家主席の政敵から民間の政治犯、刑法まで、ありとあらゆる人物を嫌疑にかけ、帰国するよう恫喝する。他方で、中国が二〇一〇年に施行した国防動員法を海外で具体化するための非公然の実力部隊としての役割を自覚しつつあるとみた方がよい。闇警は、中国・山西警察学院会報の論文にある通り、公的警察を補完する組織として使われるべき存在であるからだ。中国共産党政権が「有事である」と認定した暁には国内外にいる華僑・華人は国防動員法の網にかけられ、人、モノ、金と、指示されたあらゆる物資を国と党に提供し、忠誠を誓わなければならないのだ。これを現場で主導する役割を担うとみられるのが、闇警だ。

国防動員法とは、ひと言でいえば、戦争動員法である。戦争動員法といっても、平時のときから運用できる法律で、習近平国家主席の命令一下、必要な人員、物資、資産などを戦時体制に組み込む権能を持つ。二〇〇八年の北京オリンピックの聖火リレーの際、長野市の善光寺周辺で大きな五星紅旗を振り回して市民を恐怖に陥れた一部の動員された在日中国人の狼藉は、二年後に施行する国防動員法の予行練習ともいえた。

闇警を放置しているとしか思えない日本政府だが、闇警のメンバーを泳がせている面もあるというのが、さきの公安関係筋だ。関係筋は筆者に「大きな声では言えないが、闇警が存在するメリットもある」とささやく。それは、「中国人犯罪者を同じ中国人の手で縄にかけてもらう」という「毒には毒を持って対処する」作戦だ。だが、これは治外法権を認めることであり、断じて許されない。気づけば日本の警察も手出しのできない世界が構築されてしまい、気づいたときには手遅れになってしまいかねない危険な発想である。

福井県立大学名誉教授の島田洋一氏は自身のＳＮＳで、マンハッタンのチャイナタウンにある海外拠点には「中国総領事館の人間も度々出入りしていたという。日本も動くべきだろう」とつぶやいた。

無関心では済まない。岸田文雄首相は命令一下、闇警の実態を調査するよう国民の前で公安・捜査当局に指示を出すべきである。

第四章　狙われている日本の知的財産

■国益保護の主権を放棄した「スパイ天国・日本」

数年前から、安全保障上の危険性を指摘し始めてからようやくの強制捜査である。二〇二三年六月、国会に衆院解散風が吹き荒れる中、日本のＦＢＩ（米中央連邦捜査局）ともいわれ、東京都内だけではなく、全国隅々まで犯罪があれば捜査に着手する警視庁が、中国籍の男をスパイの疑いで捕まえたのだ。

といっても、日本にはスパイ防止法などはないから、直接の容疑は不正競争防止法違反（営業秘密の開示）である。経済安全保障の重要性が高まる中で、政府や警察当局は経済安全保障の観点から先端技術の流出防止対策を強化するが、日本にスパイ行為自体を取り締まる法律が存在しない上、関係機関の危機意識も薄く、技術流出は後を絶たない。

こうした中での摘発に、これまでやりたい放題だった中国籍の研究者や日本人関係者には、衝撃が走ったことだろう。

スパイ事件はむろん、今回が初めてではない。最近では二〇二〇年、ソフトバンク元社員が在日ロシア通商代表部幹部に社外秘指定の機密情報などを漏洩して事件化した。積水化学工業の元社員が、ビジネスに特化したＳＮＳを通じて接触してきた中国企業にスマートフォン関連技術を漏洩した事件も起きた。だが、知的財産の窃取を目的とした千人計画に関わる事案は初めてのことである。捜査の成り行きに注目したい。

拙著『日本復喝！』（ハート出版）で千人計画に警鐘を鳴らしたのは、三年前の夏のことだ。その年の一月にナノテクノロジーの世界的な権威として知られる、ハーバード大学化学・化学生物学科長のチャールズ・リーバー教授が、中国「千人計画」への参加をめぐって、米政府に虚偽の報告をしたとして、米司法省の強制捜査を受けたのがきっかけだった。

この教授については、後に改めて詳述するが、いずれ日本でも、内偵が進み、強制捜査に乗り出す時期が来るとは信じていた。犯罪の疑いがあれば慎重に内偵を進めた上で摘発するのは当然だが、それにしてもこの三年間、ずいぶん待たされた感がある。いずれにしても、日本の捜査当局が、千人計画絡みで強制捜査に踏み切ったことは評価したい。

一般論だが、この種の話は氷山の一角というのが世の習いでもある。中国籍の男の余罪だけではなく、共犯者の存在はもとより、他にも同じ立場の研究者がいないか、この際徹底的に膿を出す必要がある。千人計画に参加した日本人研究者の透明性は保たれているのか、関係省庁や組織のガバナンスが問われるのはもちろん、捜査当局がどこまで犯罪の芽を摘むことができるか、日本の安全保障そのものが問われているのである。

違法輸出に対する罰則　安全保障貿易管理について

規制対象となる物・技術を取らずに輸出・提供してしまうと、
法律に基づき、罰せられる場合がある。

刑事罰

10年以下の懲役

10億円以下の罰金
（法人）

3千万円以下の罰金
（個人）

当該違反行為の価格の5倍が
上記罰金額を超える場合、
当該価格の5倍以下の罰金

行政制裁

3年以内の、
物の輸出・技術の
提供の禁止

別会社の
担当役員等への
就任禁止

警告

経済産業省から
違反企業に対する
警告

原則企業名の公表

その他の影響・リスク

企業・組織イメージの悪化　社会的制裁　株主代表訴訟etc...

Damage

違反行為について自主的申告があった場合には、処分等において考慮されることがある。
公表を伴う行政制裁、警告以外に再発防止に重点を置いた経緯書（原則非公表）等対応もある

産経新聞などによると、中国籍の男による研究情報漏洩事件が明らかになった舞台は、国立研究開発法人「産業技術総合研究所」（茨城県つくば市）だ。上級主任研究員の権恒道容疑者（当時五十九）がフッ素化合物に関連する技術を中国企業に漏洩したとして、警視庁公安部が不正競争防止法違反容疑（営業秘密の開示）で逮捕した。権容疑者は平成三十年四月、自身が研究に関わっているフッ素化合物の合成技術情報について、中国の企業に電子メールで送信し、産総研の営業秘密を漏洩した疑いがもたれている。

権容疑者は平成十四年四月から産総研の研究員として勤務する一方、中国人民解放軍と関係があるとされる「国防七校」の北京理工大学の教授を務めていた時期もあった。二〇一八年には中国政府から優れた科学者と

して表彰を受け、習近平国家主席とも握手を交わしていたことが分かっている。中国の国家プロジェクトにも関わっていた、というより旗を振る立場にあったのは間違いない。権容疑者の出身校の南京理工大も「国防七校」の一つである。産総研で約二十年も働いていた上、研究チームの中心的な立場でもあったことから、データの扱いにも裁量を持っていたとみられる。

さらに見過ごせないのは、権容疑者が中国政府が多額の資金を使って人材を獲得し科学技術力向上を目指す「千人計画」に参加していた可能性があることだ。千人計画を巡っては先端技術が中国側に流出する可能性があるとして、米国などがハーバード大の教授を逮捕するなど警戒を強めている。

今回のフッ素化合物の合成技術は、変圧器などに使われる絶縁性の高いガスを生成する先端技術で、温暖化防止にも関連するという。公安部は権容疑者が漏洩したとされる情報は営業秘密に当たると判断した。権容疑者は北京にある化学製品製造企業に複数回にわたりメールを送っていたとみられ、公安部は以前からつながりがあり、やりとりを繰り返していたとみている。

この企業の日本代理店はつくば市にあり、権容疑者の妻が代表を務めていた。習氏は二〇三〇年までに温室効果ガスの排出量を減少に転じさせ、六〇年までに実質ゼロを実現するとの目標を表明している。権容疑者の研究内容は温室効果ガスの削減にも関連し、中国にとっても重要な研究だったとみられる。

■国費でスパイ育む日本科学技術の頭脳「産総研」

「日本の国家予算で研究し、中国に還元していたのは大きな問題だ」

旧知の捜査幹部は筆者にこう語る。

産総研は二〇〇一年の設立。明治時代に発足した農商務省地質調査所が起源で、百四十年超の歴史がある。日本に三組織しかない特定国立研究開発法人で、エネルギーや環境、少子高齢化、防災、感染症など、さまざまな社会課題の解決に向けた世界最高水準の研究開発の成果が期待されている。在籍する研究員は約二千三百人で、このうち外国籍は二〇二二年度末時点で百四十七人で、中国籍は最多の五十二人を占める。このほか韓国をはじめアジアや欧州などの研究員が所属している。「おいおい、大丈夫かいな」という気持ちになるのは筆者だけだろうか。科学技術・イノベーション創出の活性化に関する法律に基づき、産総研では設立当初から海外人材の受け入れを積極的に行ってきた。国際的に卓越した研究活動につなげるためだとしている。

研究員の採用に当たっては「国籍を問わず、危機管理の観点からしっかりと審査してきた」（産総研幹部）というが、事件が発覚した以上、にわかには信じられない。「このような形で逮捕者が出たことは誠に遺憾だ」（西村康稔経済産業相）では済まされない。

全国の警察が二〇二二年に摘発した営業秘密侵害事件は二十九件で、二〇一三年以降で最多となった。営業秘密とは、独自に開発した技術情報や顧客データなどが該当する。

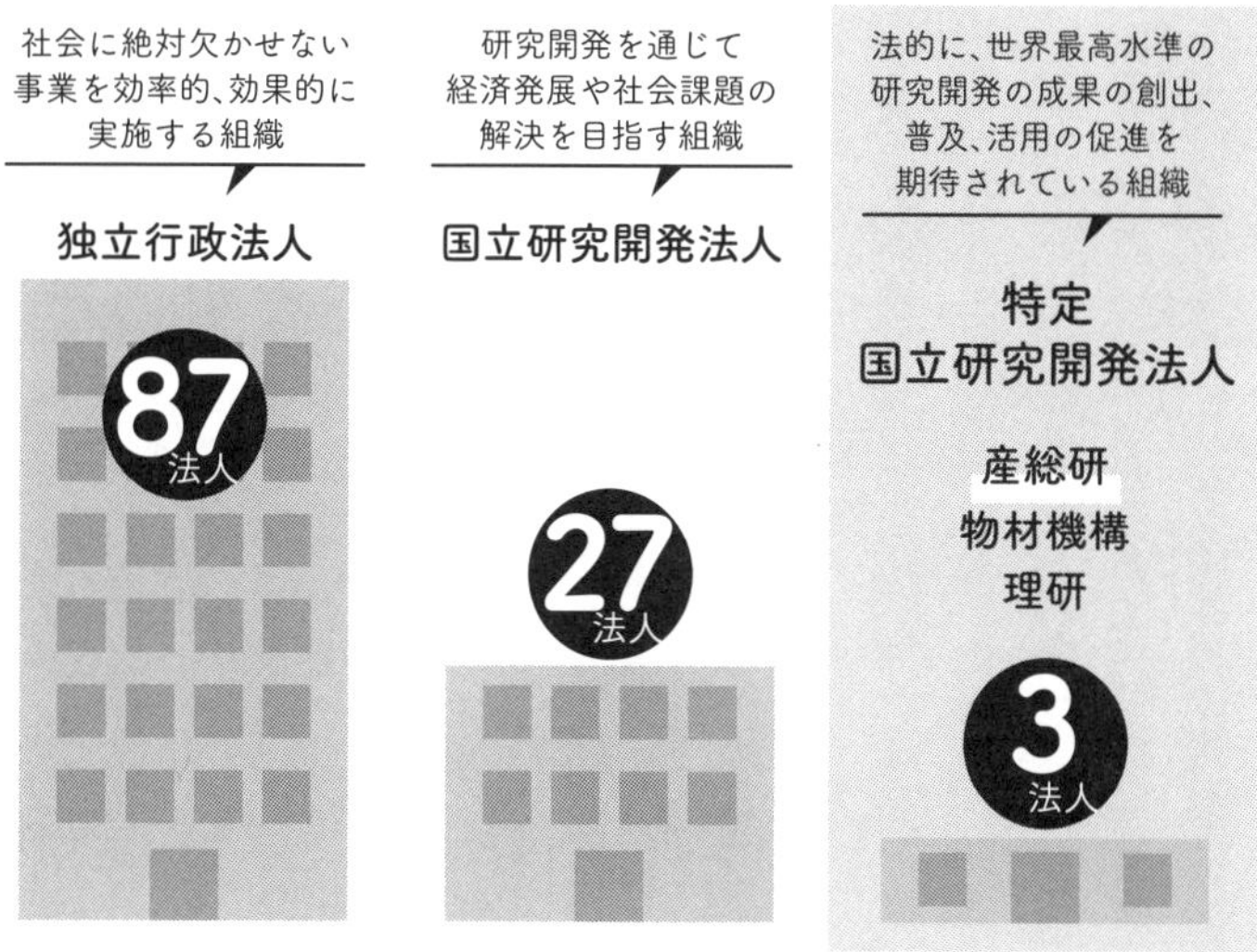

産総研は、日本に３組織しかない「特定国立研究開発法人」の一つ

航空、宇宙分野や顔認証技術など、多くの面で日本の技術を抜き、世界でも最先端技術をすでに入手しているとされる中国だが、さらなる技術水準の向上を図り、先端技術や軍事・科学技術など多岐にわたる情報の収集を国策として傾注している。中国から日本企業に人を送り込むケースや日本で就職した中国人を取り込んで指示を送るなど、さまざまな方法で協力者を作り上げるという。背景として、人手不足の日本で優秀な中国人研究者や留学生が研究を支え、不足するマンパワーを補っている側面がある。ただ、研究機関や大学などが人材を受け入れる際、疑わしい人物とそうでない人物の線引きがされていないのが実情だ。採用後の不審な動きを把握する仕組みもないといい、警視庁幹部は「守秘義務があっても、故意に情報を漏洩する意図があ

る人を防ぐのは難しい」と指摘する（二〇二三年六月十六日付産経新聞朝刊）。国はこうした先端技術を守るため、二〇二二年五月に経済安全保障推進法を成立させた。

日本では、機密情報の取り扱いを有資格者のみに認める「セキュリティー・クリアランス（SC、適格性評価）」の制度普及が遅れており、推進法にも盛り込まれていない。今後の法制化が急がれる。警察当局も企業や研究機関への情報流出を防止するため、スパイの手口や対策などをアドバイスする「アウトリーチ」に力を入れている。産総研は「職員が逮捕されたことは誠に遺憾。捜査に全面的に協力し、厳正に対処する」としている。

松野博一官房長官は、二〇二三年六月十六日の記者会見で、先端技術の研究データを中国企業に漏洩したとして権容疑者が逮捕されたことについて、「情報管理に関する組織体制やルールの整備を進めてきていたが、結果として逮捕者が出てしまったことは誠に遺憾だ」と述べた。その上で、経済産業省が十五日、産総研に対し改めて情報漏洩対策の徹底などを指示したと説明した。

と、ここまでは新聞記事としてよく見る光景だが、経産省はどこまで責任を感じているのか。期限を区切って、現状がどうなっているのか、情報漏洩対策をどうしているのか、詳細な報告を早急に国民の前に明らかにすべきである。

■漏洩ルートを明らかにせよ

今回の事件では、海外への先端技術流出を防止する難しさが浮き彫りとなった。政府が経済安保を重要課題に掲げる中、国内最大級の公的研究機関から中国企業に、先端技術のデータが流出するという前代未聞の事件である。国際競争力を強化する意図が裏目に出た形といえ、どのように監視の目をかいくぐって起きたのか、詳細を明らかにする必要がある。海外からの優秀な人材は日本の技術発展のために欠かせないが、日本は情報管理の基準が甘過ぎるのではないか。国益を大きく損ない、経済安全保障の観点からも問題だ。スパイ行為自体を取り締まる法律がない中、政府や警察当局の対策強化と、機密情報の取り扱いを厳格化する制度の導入などが急がれる。

警察も取り締まりに力を入れるが、事件化には時間がかかり、一度流出してしまった情報は取り返しがつかない。捜査当局は未然防止策として企業などへの働きかけにも努めている。企業自身も今一度、情報漏洩対策がしっかりできているかどうか、検証すべきである。経産省は産総研に対し、情報漏洩対策や法令順守の徹底を指示したというが、当たり前だ。西村大臣が責任を持って、善後策を国民の前に明らかにすべきである。

産経新聞「正論」欄の執筆メンバーでもある明星大学の細川昌彦教授は、今回の事件について、こう語っている（令和五年六月十七日付産経新聞電子版）。

研究機関や企業は、扱う技術の仕分けをし、機微度、重要度に応じて管理をする必要がある。

すべてまとめて管理するのではなく、機微な情報にアクセスできる人を限定して厳重にしなければならない。担当者任せではなくトップが自らやるべきだ。特に産総研は経済産業省の傘下で経済安全保障上の重要性が増す最先端の研究の一翼を担っており、情報管理にはより厳格さが求められる。中国には諜報活動への協力を義務付けた国家情報法があり、民間でも情報提供を求められる。産総研は採用後の活動について把握しておく必要があった。ただ、雇用主が従業員の動向を把握するのはプライバシーもあり、限界があるのも事実だ。日本の警察は、企業や研究機関にスパイの手口などを助言する活動にも力を入れている。不審な行動や兆候があれば警察に相談するなど、連携が重要だ。

まさに、セキュリティー・クリアランスの未整備の問題とプライバシーの壁についての指摘である。われわれ一般国民も人ごととして我関せずという姿勢をとるのではなく、こうした専門家の声に耳を傾けたいところだ。

次に指摘することは、筆者がかねてより言っていることでもあり、持論でもある。情報漏洩という罪を犯す犯罪者を法の裁きに委ねるのは当然だ。しかし、先端技術など知的財産の入手は、中国共産党政権が国家ぐるみで取り組んでいることであり、日本側が「やめてください」などと言って聞く相手ではない。日本とは違って中国には「上有政策、下有対策」、つまり、「上に政策があれば、下に対策がある」という言葉を歴史的に実践する人々が多いとされるお国柄である。

イタチごっこになり担当者はくたびれるかもしれないが、根気よく、情報を盗まれない厳重な対策を講じていくしかないのである。一番の近道は、先端技術を盗まれかねない研究施設に中国「国防七校」などと関わり合いのある研究者を入れないことである。

■ＦＢＩが狙う「千人計画」

「孔雀計画」とも「鳳凰狩り」ともいわれるこの計画が世に知られることになるきっかけは、さきにも述べた、中国・武漢にある武漢理工大学と関係のあった米ハーバード大学のチャールズ・リーバー教授が逮捕された事件だ。

「千人計画」とは、ノーベル賞受賞者を含む世界のトップレベルの研究者を一千人規模で集め、破格の待遇で中国に招聘する国家プロジェクトだ。いうなれば、最先端技術を中心とした知的財産を米国など諸外国から手っ取り早く手に入れる計画である。もともと一九九〇年代に先端技術の獲得を急ぐため、海外に留学していた中国人研究者を対象に、中国政府が国策として彼らの帰国を積極的に働きかけたのが始まりだ。彼らは海を漂って母国に戻ることから「海亀」と呼ばれる。

中国語で海外から戻るという意味の海帰と海亀の発音（ｈａｉｇｕｉ）が似ていることに由来する。北京五輪が開催された二〇〇八年以降は、「千人計画」の一環として米国を中心に中国人以外の外国人研究者の招聘にも乗り出した。これら外国人研究者を中心とした「外専千人計画」など、今では二百近い招聘プログラムがあるとされ、「万人計画」などとも呼ばれている。

二〇〇八年ごろから始まったこの計画だが、始めは海外留学していた中国人研究者が対象だった。それが、北京五輪、低所得者向けサブプライムローンの破綻に伴うリーマンショック以降、研究費に困る科学者らを対象に計画を加速させた。仕掛けられた米国はたまったものではない。長い年月と資金をかけて研究、開発した虎の子の技術が、いとも簡単に中国に盗まれるのだから、それが軍事技術に直結する技術であれば国家の存立を脅かすだけに洒落にならないのだ。

中国は二〇一六年、中国共産党の第十三次五カ年計画に「軍民のより深い融合の推進」を掲げ、科学技術、経済、軍事において機先を制して有利な地位を占め、将来の戦争の主導権を奪取する――と明記している。中国の「軍民融合」の神髄がここにある。二〇〇八年に始まった千人計画による高度な知見を持つ人材の確保にめどがついたとみられ、二〇一四年になると、「中国製造２０２５」を掲げ、核技術や有人宇宙飛行、北斗衛生ナビシステムなど軍事産業などの分野で、「技術的難関を突破した」とアピールしている。

しかし、中国共産党肝入りのこの計画が躓き始める。中国の千人計画が、米国をいたく刺激したのだ。

二〇一八年ごろだ。米捜査当局による中国人研究者の逮捕や米大学、研究機関による解雇が相次いだのだ。これを機に「千人計画」という四文字が表立って語られることがなくなり、中国の公的文書から一斉に消えた。米国の圧力に焦った習近平政権が、党や政府の通達文書から「千人計画」を削除するよう指示したためとみられる。計画自体は地下に潜っただけであり、参加する研究者が後を絶たない実態をみると、むしろ、加速しているとみてよかろう。米国では、安全保障を脅かす危険な計画として、連邦議会や司法省が警戒を強めているのがその証左だ。

中国は千人計画も「中国製造２０２５」も公式文書で使わないよう指示を出し、地下に潜りながら活発なリクルートと、それによる知財の窃盗を続けているとみられる。表向きは「ウィン、ウィン」をうたうが、実態は知財の窃取だ。米議会当局が公表した報告書によると、千人計画の契約書には、中国のために働き、契約を秘密にし、母国にあったのと同じ「影の研究室（Shadow Laboratory）」をつくり、中国の研究機関にすべての知財を譲り渡すことを求めているから悪質だ。

■ハーバード大学・リーバー教授が千人計画を暴露するきっかけに

本章の冒頭で簡単に触れたハーバード大のリーバー教授が専門とするナノテクノロジーとは、物質を分子や原子という極小の世界において自在に制御する技術のことだ。中国のみならず、世界が競って開発に注力している分野でもある。いったいどのようなことをして、強制捜査の対象になってしまったのだろうか。産総研の権容疑者のみならず、近未来の日本人研究者も人ごとではないだろうから、他山の石とするためにも教授の一件を振り返ってみたい。

リーバー教授はペンシルベニア州フィラデルフィア出身。スタンフォード大博士課程を修了し、二〇一五年からハーバード大で化学・化学生物学部長を務めていた。四百本を超える論文を共同で執筆している。米司法省によると、リーバー教授は二〇一二～一七年ごろ、千人計画に参加し、月額五万ドル（約五百三十五万円）の給料や十五万八千ドル（約一千七百万円）の生活費など、計百万ドル（約一億七百万円）を受け取っていた。見返りに、中国・湖北省の武漢理工大の名義で論文発表などを中国側から要求されていたという。

リーバー教授は、軍事関連の研究などで国防総省やＮＩＨ（米国立衛生研究所）といった連邦政府機関からも、計一千五百万ドル（約十六億三千六百万円）もの研究費を受け取っていたが、米政府に報告する義務を怠った（二〇二〇年一月三十日付英ＢＢＣ日本語電子版）。米国内法では、外国から資金提供を受けた場合、政府に報告しなければならない。だが、教授は千人計画への参加を隠したまま、ＦＢＩの事情聴取にも関与を否定した。

司法省が教授の逮捕に踏み切ったのは極めて悪質とみたためだ。ハーバード大は「極めて深刻で捜査に協力する」とし、無期限の休職処分としたことを明らかにした。

ハーバード大のある米北東部のボストン市周辺では、このほかにも大学関係の中国人二人が虚偽申告などの罪に問われている。マサチューセッツ州連邦地検の検事が一月二十八日の記者会見で発表したところによると、ボストン大でロボット工学を研究する中国人女性（二十九）はビザ申請の際、人民解放軍士官という肩書を隠して「学生」と偽り、詐欺や虚偽申告などの罪に問われた。女性士官は米軍のウェブサイトにアクセスして中国へ情報を送るなど、多くの任務を果たしたとみられる。ハーバード大でがん研究をしていた中国人の研究者（三十）は、かばんの中に生物試料の瓶二十一本を隠したまま帰国便に搭乗しようとした上、連邦当局者に嘘をついた罪に問われていることも分かった（二〇二〇年一月二十九日付米CNN日本語版）。州検事は「中国が米国の技術を盗み取ろうとしている作戦のほんの一部だ」と語り、ボストンは大学や研究施設が集中しているため標的になりやすいとの見方を示した。

千人計画絡みの事件は続く。五月八日、米司法省は南部アーカンソー州にあるアーカンソー大の中国系米国人教授を逮捕、起訴した。中国政府や企業から資金供給を受けていたにも関わらず、虚偽の申告をした罪だ。リーバー教授と同じ罪で、最大二十年の懲役刑となる。

米司法省などによると、この教授は、仲間の中国人研究者に送ったメールで、「中国のネットで調べれば分かるが、米国が『千人計画』の学者をどう扱うかが分かる。私がその一人であることを知っている人は少ないが、このニュースが広まったら私の仕事は大変なことになる」と書いている。アーカンソー大はこの教授を停学処分とした上で、FBIの捜査に協力している。教授は同大で一九八八年から教鞭をとり、電気工学系の高密度エレクトロニクスセンター所長を務めていた。

南部ジョージア州アトランタの名門、エモリー大の中国系米国人学者も千人計画に参加し、米当局に申告詐欺罪で起訴されている。この学者は過去六年間、中国の複数の大学で千人計画関連のプロジェクトに参加していた。中国当局からの資金提供とみられる学者の海外収入は五十万ドル（約五千三百七十万円）に上ったにもかかわらず、申告せず虚偽報告をしていた。学者は執行猶予一年、三万五千ドルの罰金刑となった。

日本ではほとんど報じられていないが、米捜査当局が千人計画絡みで取り締まりを強化し始めていることを示す重大な動きであった。一つ一つの事件をたどっていくと、背後にハイテクや学術分野で米国としのぎを削る中国への米当局の警戒感が色濃く浮かんでくる。

オーストラリアのシンクタンク「戦略政策研究所」は鳳凰狩りと題する報告書を二〇二〇年八月に発表し、日本にも国立大学などに頭脳狩りの拠点があるとした。自分の置かれた不遇な立場に愛想を尽かし、破格の待遇に魅力を感じて中国に渡る日本人科学者は数知れない。ハニートラップに引っかかったわけではなかろうが、中には中国人女性と結婚して中国に渡った研究者もいる。日本人研究者には、くれぐれも魂を売って祖国を裏切ることのないことを願う。

■秘密の契約「中国に尽くす」

中国は建国百年に当たる二〇四九年を目標に、製造強国となってハイテク分野で世界の覇権を握ることを狙っている。そのために手っ取り早く、米国の知的財産を頭脳ごと盗み出そうというのが千人計画であることは書いてきた通りだ。

中国は二〇一七年一月、習近平国家主席がトップの中央軍民融合発展委員会を設立して中国軍の近代化を図っている。軍民融合戦略の方針にある通り、中国にとって、軍事と民間には境がないどころか、表裏一体であるという事実を抑えておかねばならない。

そこで中国が目をつけたのが、陸・海・空という従来の戦闘空間に加え、宇宙、サイバー、第五世代（５Ｇ）移動通信システム、ＡＩ（人口知能）といった領域だ。米国に勝利するため、革新的技術を持つ博士クラスの「高度人材」の獲得に躍起となっていく。

千人計画と同様、米国を刺激することを避けるため、中国がその存在を伏せるようになったハイテク産業戦略「中国製造２０２５」は、千人計画の数年後に始まった。優秀な人材の確保に一定のめどがついたことから起案されたとみられ、千人計画と中国製造２０２５が連動していることが分かる。

実際、中国当局は二〇一四年、〇八年から始めた千人計画の成果として「中国製造２０２５」で示したようなハイテク産業で「多くの中国独自の製品を生み出した」とし、核技術、有人宇宙飛行、有人潜水艇、北斗衛星ナビシステムなど軍需産業などの分野で、「技術的難関を突破した」とアピールしている。

米国はまさに、その両方に神経を尖らせているが、これこそ、米中貿易戦争の裏側で繰り広げられている情報戦の実態なのである。

それを裏付ける動きが米国内で表面化してきた。リーバー教授を逮捕する二カ月前の二〇一九年十一月のことだ。米連邦議会は「中国の千人計画は脅威である」との報告書を公表した。上院の国土安全保障小委員会（共和党のロブ・ポートマン委員長、オハイオ州選出）が超党派でまとめた。ＦＢＩ、全米科学財団（ＮＳＦ）、ＮＩＨ、エネルギー省、国務省、商務省のほか、ホワイトハウス科学技術政策室の七つの組織を対象に八カ月かけて調査したものだ。

報告書はまず、「中国の国外で研究を行っている研究者らを中国政府が募集する人材募集プログラムにより、米政府の研究資金と民間部門の技術が中国の軍事力と経済力を強化するために使われており、その対策は遅れている」と指摘した。具体的には、中国は二〇五〇年までに科学技術における世界のリーダーになることを目指しており、中国政府は一九九〇年代後半から、海外の研究者を募集して国内の研究を促進している。その中で最も有名なのが、千人計画だとしている。報告書は千人計画について、二〇〇八年に始まり、二〇一七年までに七千人の研究者を集め、ボーナスや諸手当や研究資金が用意されたと指摘している。

問題なのは、契約内容だ。ポートマン上院議員によると、契約書は千人計画に参加する科学者に対し、中国のために働くこと、契約を秘密にし、ポスドクを募集し、スポンサーになる中国の研究機関にすべての知的財産権を譲り渡すことを求めているという。

ＮＩＨのマイケル・ラウアー副所長は連邦議会の公聴会で、「中国は『影の研究室』のおかげで米国で何が進んでいるかを世界に先駆けて知ることができる。ＮＩＨが『影の研究室』の存在を米国の他の研究機関に（警戒を促すために）知らせると驚かれる。多くの研究機関は職員が中国に研究室を持っていること知らなかった」と証言している（ネイチャー・アジア・コム日本語版）。エネルギー省の調査では、NIHに所属していたあるポスドク研究員は、千人計画に選ばれて中国で教授職を得て、中国に戻る前にこの研究所から三万件の電子ファイルを持ち去ったという。幸い、機密扱いではなかったために NIHにとって致命傷とはならなかったようだが、エネルギー省は研究員の行為自体を悪質な事案として重大視している。エネルギー省自身も、議会報告書が公表される前の昨年六月、省内の研究者の千人計画への参加を禁止した。

NIHの研究員は、中国の研究機関に対し、米国での自分の研究分野は高度な防衛力を持つために重要なものだと売り込み、中国の防衛力の近代化を支援する研究を計画していたという。金に釣られて仲間を売る人間は、どこの国にでもいるから今さら驚かないが、それにしても、売国奴という三文字以外に当てはまる言葉が見つからない。

ポートマン氏は、こうした中国の千人計画に対し、FBIや米研究機関の対応は非常に遅く、米国の研究を守るための取り組みを強化しなければならないと指摘している。

報告書はまた、「千人計画に参加している研究者には、契約条件などを完全な形で開示しなければ、米国の研究資金を得られないようにすべきだ」などと提言し、何らかの立法措置が必要とも指摘した。米国大学協会（ワシントンDC）のトビン・スミス政策担当副会長は、「報告書は、人材募集プログラムの契約内容を徹底的に調べることで、この問題を生々しく伝えている。大学教員たちはこの報告書をよく読み、千人計画に加わる危険性への注意を喚起してもらいたい」と話している。

ＦＢＩのジョン・ブラウン副部長（当時）は、「千人計画に参加した科学者たちのすべてが古典的なスパイだとは言えないが、中国から情報提供を求められているのも事実であり違法性がある。防諜の観点からもっと早く対処策を講じなければならず、米政府や研究機関はすぐにでも行動を起こすべきである」としている。これより前、米連邦議会は二〇一八年六月にも千人計画に関する報告書を公表している。米政府組織の貿易・製造政策局による「中国の経済的侵略がどのように米国と世界の技術と知的財産を脅かしているか」と題するレポートだ。

それによると、米国が大規模に投資して得たハイテク産業や知的財産について、中国は物理的、あるいはサイバー攻撃で盗み、技術移転を強要するなどして不正入手しているという。被害対象の技術分野は、中国が掲げる中国製造２０２５に明記されたＡＩ、航空宇宙、仮想現実（ＶＲ）、高速鉄道、新エネルギー自動車産業など多分野にわたる。

中国は同時に、外国製品に対して高い関税、輸入制限や課徴金、煩雑な検査などの非関税障壁を設けていると指摘し、外国企業が中国市場に参入することが規制され、中国企業においても合弁企業の外資出資比率について、四十九パーセントの上限が設けられていると指摘している。

報告書は、「祖国に仕えよ」という中国共産党のスローガンの下、高度技術を持つ人材たちが海外で得た研究成果でさえも、党へ移転するよう要求されていると指摘した。

時間と金をかけて開発された米国の知的財産を盗めば、簡単に成果も上がろうというものだ。

二〇一四年時の議会報告書は、中国の経済的侵略により、米国の六百以上のハイテク資産、二百億ドル相当が被害を受けていると報告した。

米中両国が知的財産の流出をめぐって激しいつば競り合いを繰り広げる中、日本政府も遅ればせながら動き出した。先端技術の海外流出防止のため、米国を参考に指針を設ける方向で検討を始めたのだ。科学技術振興機構（ＪＳＴ）など、政府系機関から資金支援する研究室のすべてについて、海外からの資金の情報開示を求める方針という。

国会でも動きが出始めた。自民党の有村治子参院議員が二〇二〇年六月二日の参院財政金融委員会で、千人計画について日本政府がどこまで実態を把握しているのかを質した。政府委員は日本には何も規定がなく、千人計画と日本人研究者との関係は把握していないと答弁した。

有村氏は、「日本の技術や教育資源によって培われた最先端技術を持つ研究者が研究技術を軍事転用することを是認し、他国の国家戦略の中枢にかつがれ、日本の安全を脅かしたり、防衛力が不当にそがれるようなことがあれば、日本の力が一気に落ちる」などと述べ、政府の無為無策を厳しく批判している。

歯止めのない頭脳流出は国益を損ねるが、自分の能力を十分に発揮できず、自らの能力に見合った報酬を得られないことに不満を持つ日本人技術者は少なくないのも事実だ。国も会社も自分の価値を認めてくれないとなれば、自分を高く評価してくれる国家、外国企業に身を委ねようと考

えてもおかしくない。

軍事転用可能な先端技術の流出を食い止めるため、日本政府には日本人研究者への重点的な資金援助など優秀な人材へのきめ細かな支援の実施が求められる。同時に、米国と同様、国から補助金などを得ている研究者には、海外から資金提供があった場合は国への報告を義務付けるなど、法の整備を急ぐとともに、野放し状態で中国などの草刈り場となっている現状を把握し、頭脳流出の歯止め策を講じる必要がある。

千人計画への参加など、チャイナ・リスクの詳細については、拙著『日本復喝!』（ハート出版）をご覧いただきたい。

第五章　関東平野に「中国式農場」

■家康ゆかりの「小山評定」の地

気温三十度はあろうかという梅雨の合間の蒸し暑い六月二十日のことである。ＪＲ東京駅で午前九時十六分発の東北新幹線「なすの２５５号」郡山行きに乗り込んだ。降りるのは栃木県南部の中核都市、小山市にあるＪＲ小山駅だ。在来線だと、ゆうに一時間はかかる距離だが、新幹線だとあっという間の四十分間だ。取材の段取りを確認し、駅のホームで買ったペットボトルの冷たいお茶を飲み干す前に目的地に降り立った。事前に予約していたレンタカーをピックアップした。ＪＲ系のレンタカー会社だったので、駅構内に事務所と駐車場があってなかなか便利である。ただ、目指す農場の住所をカーナビに入れても表示されずに閉口した。カーナビはこの比較的新しい農場をまだ認識していないようだった。近くに中学校があったのでそれを入力して目的地に向かった。

小山市と言えば、一九六四（昭和三十九）年に営業を開始した「小山ゆうえんち」を思い出す。筆者と同い年だ。関東地方に住む年輩の方は記憶にあるかもしれない。テレビコマーシャルでたびたび、小山ゆうえんちのCMが流れていた。筆者は一度も行ったことがなかったが、二〇〇五（平成十七）年に閉鎖されたのは、残念だ。

また、徳川家康の「小山評定」でも知られる。徳川家三百年の安泰の道筋をつけた重要な軍議で、慶長五（一六〇〇）年、上杉景勝を討伐するために会津（福島県）に向かっていた途上、小山に本陣を置いた家康。豊臣恩顧の福島正則らの武将を前に、上杉を討つべきか、西に反転して挙兵した石田三成を討つべきかを問い質したことで有名なあの軍議である。小山市は、現在放映中のNHK大河ドラマ「どうする家康」にあやかり、駅前に設置した塔のてっぺんに市のマーク（市章）、そして「徳川家康、決断の地」と書き込み、街の宣伝を忘れない。

一九八九年、産経新聞社に入社してすぐ、栃木県の県庁所在地にある宇都宮市の支局に配属された。着任したその日から県警担当（サツ回り）となり、事件や事故を取材するため、あるいは、街ダネを取材するために、自家用車で県内をくまなく取材したものだった。その頃の記憶だと、この地方にもまだ、バブルの残り香があって、それなりの活気を呈していたように思う。それが三十年以上も前のことだ。今や少子化に加え、都会への人口流出で、さぞかし錆びれてしまったのではないかと、小山を訪ねる前から勝手に残念がっていたら、そうでもなかった。最近では駅東側の真ん前に白鴎大学があるのと、駅西側には佐野日大高校行きのバス停などがあるせいか、十代、二十代の若い人たちの姿が目に付いた。

さて、カーナビが当てにならないので、道路標識を見ながら県道二百三十六号から国道五十号を西に走り、永野川を渡って今度は北上した。国道には大型ダンプカーが行き交い、周囲は田植えを終えたばかりの田園風景が広がっていた。国道を降りると標識はない。あとは車に乗る前にグーグルマップで頭に入れておいた地図を頼りに車を進めると、あったあった、「北海農場」の看板だ。車で出発したのは小山市だが、ここは隣接の栃木市だ。施設内に乗り入れ、空いたスペースに車を停めた。腕時計を見ると、約束していた時刻の四十分も前の午前十一時二十分だった。相手には悪いと思ったが、遅刻するよりかはマシだろう。時間がもったいないので、事務所を訪れることにした。

■栃木に現れた「中国式農場」

敷地内は、中国の農場と見紛うばかりである。中国野菜などの香りが漂っているせいもあるだろう。雰囲気が違うのだ。筆者の五感がそう言っている。

がっちりした、かまぼこ型の大きなビニールハウスが十棟ほど立ち並ぶ。傍らにプレハブがあったが、どこに目当ての社長がいるのか分からない。敷地内を歩いていると、大柄な男性が何か作業をしていた。あいさつがてら、取材の約束をした社長はどこにいるのか尋ねたが、日本語が分からないらしい。ただし、社長の名前を言ったら、ニコニコしながら手招きして、プレハブの一角にある事務所に連れて行ってくれた。

著者の取材に応じる范継軍さん（撮影：著者）

事務所でパソコンに向かっていたのは、范継軍さん（五十三）。北海農場株式会社、北海イーファーム株式会社の代表取締役だ。約束前ではあったが、嫌な顔一つせず、事務所内に招き入れてくれた。半袖シャツから突き出た両腕や顔は、こんがりと赤銅色に焼けており、いかにも農作業に勤しんでいることを伺わせる、どこにでもいる人の良いおじさん、という風情である。

「カーナビではここ（北海農場）の表示は出ないでしょう？　来る人はみな、そう不満げに言うんですよ。迷いませんでしたか？」という范さん。近くの橋が工事中で渡れず、目の前で迂回を余儀なくされた以外はスムーズにたどり着いたことを告げた。

范さんは中国の東部、渤海湾に面した山東省煙台の出身だ。ビールで有名な青島市のある山東半島の北部の港町である。驚いたのは彼の経歴だ。中国東北地方、旧満洲の主要都市だったハルビン工業大学を一九九二年に卒業し、地元のＩＴ企業に就職した。大学時代は、人民解放軍向けにミサイルの自動制御について研究していたという。

こういう、ともすれば疑いの眼差しでみられかねない自分の過去を包み隠さず話してくれるところが、往々にしてみられる中国人の屈託のない一面である。というのも、ハルビン工業大学とは知る人ぞ知る、泣く子も黙る中国「国防七校」のトップ校なのだ。米マサチューセッツ工科大学（MIT）とも並び称される軍事研究で世界をリードする大学なのである。前章でも触れたが、国防七校とは、中国の最高国家権力機関の執行機関である国務院に属する国防科技工業局によって直接管理されている大学である。人民解放軍と軍事技術開発に関する契約を締結し、先端兵器などの開発などを一部行っている。ハルビン工業大学の国防関連予算は年間約四百億円で、これはオーストラリアの国防省の科学技術予算に匹敵する額である（二〇二三年六月七日付ダイアモンド・オンライン電子版）。

なかなか入れる大学ではない。高校時代の成績を聞くと、日本でいう「オール5」。すべての教科が最高点で、とにかく勉強に明け暮れて地域でもトップクラスとなり、わざわざ遠方のハルビン工業大学への進学を決めたのだという。ただ、大学受験を頑張り過ぎて入学後は「もぬけの殻になった」という范さん。高校時代とはうってかわり、成績はどん底だったと苦笑いしながら話してくれた。それでも最先端技術であるミサイルの自動制御の開発、研究をしていたというのだから、地頭はかなり良いのであろう。

そんな范さんは、就職したIT企業でソフトウエア開発などをしていたが、将来性を感じさせない会社の体制に愛想を尽かし、転職を考えていた。そんなとき、日本のIT企業がエンジニアを募集していることを知り、ダメ元で応募したところ採用が決まり来日を決意した。

一九八九年に来日し、都内で働き始めたのだが、故郷の煙台で見た農村風景が忘れがたく、いつか移り住んだ日本で農業をやってみたいと考えていたら、中国国内の農業関連の企業からシイタケ栽培をしないかと声がかかった。「渡りに船」とばかりに二〇一六年に「北海農場」を開園した。范さんによると、中国でも日本の農産品への信頼は高いといい、消費者にも人気らしい。農業をやるために平たんな土地を探していたところ、人づてで見つけたのが、現在の栃木市の農場だという。農業にはずぶの素人だった范さんのもとに、シイタケ栽培のノウハウを知る中国人が数人やってきて栽培方法を伝授するとともに、范さん自身もネットで栽培方法を調べるなど、とにかく大学受験並みに勉強したという。

一番難しいのは、やはり、中国と日本の気候の違いだ。乾燥した中国大陸とは違い、日本は高温多湿だ。ちょっとの温度変化で収穫が左右されるため、栽培には極度の緊張が強いられた。それでも何とか、シイタケ栽培が軌道に乗り始めてきたときのことだ。

人生、山あれば谷あり。協業を働きかけてきた中国企業が儲けにならないと撤退を決めたから大変だ。シイタケだけでは商売にならないと思った范さんは、二〇一九年ごろからパクチーや葉ニンニクなど、中国では人気のある野菜の栽培も手掛けるようになる。従業員も自前で募集し、中国残留孤児二世ら中国本土から呼び寄せた中国人約三十人が北海農場で働き、販売や営業を担当する東京本社には約二十人が勤務している。

栽培しているのは、ササゲ（一キロ千三百円）、サツマイモの葉（五百グラム、六百円）、空心菜（五百グラム、五百円）、唐辛子（羊角椒、五百グラム、千円）、ニラ（五百グラム、三百円）、パクチー（百グラム、二百二十円）、激辛唐辛子（五百グラム、六百円）など、計三十種類の野菜。果物も栽培していて、桃やバナナ、アボガド、メロン、ゴールドキウイなどの果物を栽培、販売している。加工食品も製造し、国産の干しシイタケ（百グラム、四百円）や自家製ニラの花味噌（瓶、六百円）などを販売している。

また、放し飼いの鶏卵も売っている。主に従業員向けに中国ならではの調味料やお菓子、加工食品など二百種類以上も販売している（同社ホームページより）。ササゲはインゲンを細長くした形で、味も近い。

そんな范さんの在留資格は永住ビザ。国籍はまだ中国だ。五年ほど前に日本国籍を取得しようと申請したが、北海農場の従業員の中に社会保険に入っていない人がいるという理由で法務省に却下されたのだという。今では従業員全員が社会保険に入っているが、日本国籍の取得は手続きが煩雑で面倒だし、農作業や販売などの仕事が忙しく、時間がとれないので諦めたという。

ちなみに、日本国内にはたくさんの華僑・華人関係の団体、組織があるが、どういった組織に所属しているのか聞いてみた。すると、范さんいわく、「中国の団体、組織はいっぱいあって、所属するとあれこれと面倒くさい。中国の仲間は大切だが、頼ると何かと面倒だから、どこにも所属していません」と語った。

■中国製の特注ビニールハウス

范さんに施設内を案内してもらった。北海農場は実は他にもあって、近隣に二カ所、計三カ所の農場を所有する。三カ所合わせて約五万平方メートルだから、東京ドームよりやや大きい広さである。

栃木県小山市の中国式農場（撮影：著者）

「面白いハウスがあるから案内します」という范さんの運転で向かった農場には、見たことのないビニールハウスが並んでいた。出刃包丁を逆さにした形のビニールハウス（中国名・暖棚）で、曲線を描く屋根が刃の部分に当たる。屋根全体は三分の二ほど弧を描き、かまぼこを縦に切ったように途中で垂直に立っている。日光を最大限に取り入れるための形状で、ハウスの屋根や壁には自動で開閉できる布団がかぶさり、寒さに強い優れものだ。曲線を描く南側は日光を取り入れやすく、保温性も高いという。

取材している現在は夏だが、ハウスの中は案外涼しい。インゲンを長くした形のササゲが今や遅しと収穫を待つばかりに茎から細長い実を地面に向かって垂らしていた。

これらのハウスは、山東省特有で、数カ月かけて、わざわざ中国から輸入して自分たちで組み立てたのだという。ちなみに、范さんの出身地である山東省の維坊（いぼう）は中国国内でビニールハウスによる野菜栽培のメッカとなっており、生産高も中国でトップクラスという。范さんは幼少期からこのような環境で育ったのだから、むべなるかな、農業に思い入れがあるはずである。

次に案内してもらった農場は、鼻がひん曲がるほどの匂いで、家畜がいるのはすぐ分かった。ニワトリ百羽、ガチョウとアヒルが十羽ずつ、その隣でヤギを三頭飼っていた。鶏卵以外は出荷用ではなく、北海農場のペットだという。

事務所のある農場に戻ると、今度は野菜裁判をしていないハウスを案内された。中には人工芝が敷き詰められ、人造の池や小川まで作られていた。別の棟には、ビリヤード、ダーツ、巨大麻雀の牌が。聞くと、従業員向けのレクリエーション施設だという。筆者も学生時代、麻雀にはまっていた時期があったので関心がある。どうやって遊ぶのか范さんに聞くと、二人一組で牌を持ち、一人が後ろからどの牌を捨てるのか指示しながら得点を競い合うのだという。

■流行りの「ガチ中華」に卸す

順風満帆に見える北海農場だが、二〇一九年には大変な被害を被った。日本全土を襲った過去最強クラスの台風十九号は、九州から東北地方にかけての広い範囲で少なくとも死者六十人以上、行方不明者十人以上、重軽症者約四百人という被害をもたらした。

平たんな土地にある北海農場も例外ではなかった。近くの永野川が氾濫し、一メートルもの高さまで床上浸水した。ハウスで栽培していたシイタケは三割近くを流され、二千万円以上の損害が出た。ただ、シイタケ栽培は栽培している野菜全体の二～三割。シイタケ栽培が七割以上でないと、行政からの補償は出なかったという。いまではすべてに保険をかけているという。

そんな苦労もあって、何とか年商五～六億円に成長した「北海農場」。背景には、中国からの移民の増加がある。日本人の口に合う昔ながらの「町中華」とは違って、本場中国の食材を使った「ガチ中華」と呼ばれる中国人向け中華料理屋など、約四百店舗に野菜や加工食品を卸しているのだ。場所は主に、都内の銀座にある高級中華料理店や中国系住人がたくさん集まる上野、池袋界隈の料理店や中華物産店などだ。埼玉県南部のＪＲ蕨駅近くに五千人以上が住む「芝園団地」など、中国系の住人が多いことで知られる川口市界隈の店には卸していないという。なぜかと問うと、「競争が激しくてなかなか販路を広げられない」（范社長）からだという。

さて、ガチ中華の話になったので紹介しておきたいのが、北海農場での中国式ＢＢＱである。豪快に開いているのは羊の丸焼きだ。鉄鍋料理は中国東北地方の農家で食べられている伝統料理で、大きな鉄鍋の中に鍋と相性の良い羊や牛、豚、魚介などを煮込んだソウルフードでもある。鍋の内側の土手に大餅子というトウモロコシで作った焼き餅を貼り付けて焼いて食べる。平日のこの日はありつけなかった。だた、週末には栽培した野菜の収穫や鉄鍋料理を薪を焚いてつくる

北海農場での中国式ＢＢＱ。焼いているのは羊の丸焼き（撮影：著者）

体験コーナーなどもあり、在日中国人を中心に各地から客がやってくるという。

中華料理は好きなので、といっても筆者の場合、いわゆる「町中華」なのだが、鉄鍋料理やＢＢＱならまだしも、「ガチ中華」を楽しむまでのハードルは高そうだ。ネットで調べたら、何かの脳みそが生のまま皿に盛りつけられているのを見てしまったからだ。よく見ると毛細血管が浮き上がっている。この大きさは猿か豚か。そんなこと、どちらでも良い。これ以上、ガチ中華に言及するのはやめよう。日本人もクジラを食べるし、納豆も食べる。地域によっては、イナゴもハチの子も食う。食文化はさまざまだから、ゲテモノ食いとか、一切口にしないようにしている。

脱線は続くが、かつて二〜三回、出張で北京に行った際（二〇〇〇年代初め、北朝鮮の核・ミサイル問題を話し合う六カ国協議の取材）のことを思い出す。

共同通信時代に西側記者として一九七六年と一九八九年の二度にわたって天安門事件を現場取材した唯一の記者で、当時北京総局長だった伊藤正氏から毎晩、「佐々木くん、原稿終わった？何食べる？」と聞かれたものだ。よくよく問いただすと、和・洋・中のどれかではなく、北京料理か四川料理か、はたまた、何とか料理（忘れた）の中から選べ――ということだったらしいのは、店に連れていかれてから分かった。ある時は四川料理で、鳥の唐揚げを頼んだら山高く盛られた真っ赤な唐辛子の中に、鶏のから揚げが申し訳なさそうに埋もれていた。

さて、話を北海農場に戻す。取材を終えて農場を後にする際、ササゲやパクチーなどの野菜や加工食品を三千円ほど購入した。プレハブ内にあるレジで、注文票に欲しい食材と数を書き入れると、大学を卒業したばかりだという控え目な二十代の中国人女性がビニールハウスに行って収穫し、根についた土を落として新鮮な野菜をごっそり、束で手渡してくれた。范さんが彼女に耳打ちしてサービスしてくれたらしい。価格と不釣り合いなほど、たくさんあり、帰りの新幹線車内でも白いビニール袋からはみ出た野菜の数々は、ひときわ存在と香りを放っていた。

さて、帰宅後、行きつけの飲み屋の女将にパクチーをお裾分けし、サラダにしてもらった。ナンプラーや酢で和えた特製ドレッシングとの相性は抜群だ。パクチーが苦手だという常連客も、「美味しい、美味しい」と言いながら、牛が牧草をはむようにむしゃむしゃ食べていた。ササゲは切って油で炒めただけだが、白ごまを振りかけると、何とも夏らしい色どりを食卓に与えてくれたのだった。

■日本各地で農地を物色する中国資本

　範さんと話していて、筆者が最も気になったのは、農業関係者を中心とした地域住民との関係だ。地元のＪＡ（農業協同組合）グループ栃木には入っていないという。これだけ広いエリアで活発に活動していれば、いやでも周囲の目につこうというものだ。素人判断だが、「ＪＡに入って地元の農業関係者と交流を深めた方が何かと良いはずだ、ＪＡに加盟するべきだ」との考えを伝えると、「ＪＡに入ろうと考えたことはあったが、どうしたら入れるのか、よく分からなかった。ＪＡ側から声をかけられるかとも期待したが、これまでそういうことは、まったくなかった」と言って顔をくぐもらせた。

北海農場のカラフルな大看板（撮影：著者）

「その代わり……」と範さん。周囲の農家に呼びかけて、地域の農家が生産したコメやキャベツ、ゴーヤなどを北海農場が開拓した物流ルートに乗せて販売を請け負っているのだという。ネット販売（ＥＣ販売）だ。農場の外に「出品者募集」と大書きされたカラフルな大看板がある。

　範さんは、「うち（北海農場）がつくったプラットフォームを利用して、地域の農家さんがつくった農産品を売る。この辺だと、キャベツなんかのほかに、イチゴやニラなんかを売っています」と話してくれた。

お分かりいただけただろうか。「関東平野に中国式の農場が出現!」などというと、とうとう中国人らが集団で日本に移民を始めて自給自足生活を始めたか——と思う向きもあるかと思う。戦前、日本が満蒙開拓団と称して中国大陸に渡った過去を彷彿とさせる。范さんのケースはまだ、緒についたばかりだ。現時点で大騒ぎするような話ではないかもしれないが、蟻の一穴という言葉もある。もしかしたら、台風の前の静かな農村風景にしか映らないかもしれない。移民、とりわけ、中国からの移住を陰に陽に奨励している日本政府のことである。いずれ、大きなうねりとなって押し寄せ、来る側も、受け入れる側も、日中双方とも歓迎しない軋轢が起きないとも限らない。そこには留意する必要があろう。

千葉県の房総半島でも、中国人経営者が農地を探しているという。後継者のいなくなった農地では、范さんらのように「入植」を連想させる中国式の大規模な農業が、全国各地に広がっていきそうだ。

厄介なのは、ここで紹介したように、范さんや従業員らがみな、素敵な人々であるということだ。もちろん、自分の身の回りの人だけをみて特殊な環境を普遍化し、中国出身者のすべてが、素晴らしい人々だと思ってしまいがちだが、個人と共産党という組織は別である。日本に来て不法滞在し、悪さばかりするような不良外国人なら、法に基づいて入国管理局に叩き出してもらうことも可能である。しかし、范さんらは日本の国内法に則って、合法的に事業を拡大し、一定の人々の胃袋を満たして喜ばれている。

日本はアメリカやカナダ、オーストラリアのように土地が余っている大陸国家ではない、狭い島国である。移民政策に慎重論を唱えると、こうした善良な人々を攻撃する排外主義者、差別主義者だとレッテルを貼られかねない時代になってしまったのは残念なことである。

日本に移住してくる人の大半は日本が好きで、日本人と仲良く暮らしたいと思っている人の方が多いであろう。同時に、日本で一生懸命働いて送金し、母国に残してきた自分の家族も幸せにしたいと思っているのは、身近な例として言えば、コンビニのレジ打ちをしている知り合いのミャンマー人らの話を聞いていても、そうなんだろうと思う。中には嫌な経験をして日本が嫌いになり、二度と来日するものかと思う人もいるだろう。

何度でも言うが、気づいたときに、手遅れにならないよう、日本は移民政策を今一度根本から見直すべきであるし、范さんのように合法的に来日して頑張っている在日外国人らと気持ちよく共存していくためにはどうしたら良いのか。水際を絞るのも一つの手立てであるが、来日して生活している外国人（中でも最も多いのが中国人だが）もいる。郷に入っては郷に従え。彼らに日本の伝統やしきたり、慣習、ルールといったものを守ってもらうのは当然だ。今、日本に住む中国人とどう付き合っていくか。それを真剣に考えるべき時期に来ていると思う。

■中国系「激安八百屋」が日本で攻勢中

このような見出しの記事をネットで見たから大変だ。さっそく自分の目で確かめてみなければなるまい。埼玉・芝園団地もそうだった。最初にネットで記事を見たときは、ゴミ出しの日を守らず、ゴミ集積場が大変なことになっている——とか、自転車置き場が見境なく停める住人のせいで、ぐちゃぐちゃになっている、という情報が飛び交っていた。実際に現地を訪れると、すでにそうした問題は解決していて、騒音などの課題は残っていたものの、他の団地に比べてむしろ、見た目は模範的な団地に変貌していたものだ。

さて、肝心の記事だが、ジャーナリストの姫田小夏氏が二〇二三年二月三日付で「ダイアモンド・オンライン」に投稿していた。姫田氏は彼女の著書『インバウンドの罠』（時事通信社）を読んで知っていた。上海財経大学公共経済管理学院でで修士課程を修了した才媛だ。語学力を生かした庶民目線のレポートが秀逸で、かねてより注目していた。

さっそく、現地を訪れてみた。二〇二三年六月二十五日の日曜昼下がり。ＪＲ横浜駅は異常な人出でごった返していた。何事かと思ったら、黒と黄色の縦じまの法被をきた面々が続々と現れたので合点がいった。首位攻防をかけた横浜ベイスターズと阪神タイガースのプロ野球の試合が、ＪＲ関内駅近くの横浜スタジアムで行われるからだ。横浜市営地下鉄に乗り換えて、球場から二つ先の南区にある坂東橋駅に降り立った。

地上に出てすぐのところに、目的地はあった。横浜橋通商店街だ。全長約三百六十メートルのアーケード街に百二十六店舗がひしめいている。昭和三年にできた商店街は九十五年もの長い間、庶民の台所として日々の生活を見守ってきた。昔ながらの鮮魚店や精肉店などとともに、多くの種類のキムチを販売する韓国系などの食材店や、中国系の八百屋が軒を連ねている。

商店街を何度か往復してみた。日本語、英語、中国語、韓国語で「熱中症を予防しよう！」という横断幕は、ここが国際色豊かな商店街であることを物語る。やたらと目立つのは、新しい看板に中国語の店名が掲げられた八百屋の看板である。店構えは日本人が経営する八百屋に比べて大きく、奥行きもある。何よりも、人だかりができていて中国語が飛び交う活況ぶりだ。

横浜橋通商店街・全景（撮影：著者）

店は歩行者の不便も何のその。商品をかごに入れ、歩道に大きくはみ出す形で営業していた。中国人の客も客で、前後かご付きのママチャリ（子どもの送迎用自転車）を歩道のど真ん中に堂々と停める傲岸ぶりだ。店の商品が歩道まで大きく出張っているから仕方ないとはいえ、マナー違反を平気でする客が一人や二人ではない。杖をついて歩いている日本人の老人が不憫に思えるほどであった。

中国語で走り書きされた商品名と値段、それに商品を

横浜橋通商店街の中国八百屋と店頭の野菜（撮影：著者）

見比べてみる。トウモロコシを意味する「甜脱黄玉米」一本百円、十本九百円と、十本買えば一割引きで売っていた（写真参照）。野菜は日々、値段が変わる。ふだん血眼になって野菜を買っているわけではないから、店によって高いとか、安いとかは判断付きかねる。ただ、後で調べたら、トウモロコシの相場は一本百五十円位だったので、かなり安い。三割引の値段である。トウモロコシは皮が幾重にもついているから品質は分からないが、右側にあるレタスはいずれも、かなりくたびれている。というより、けっこう傷んでいる。青地に白抜きで「新鮮野菜」と書かれている文字が痛々しいほどだ。

　この訳ありレタス、どこでどうやって仕入れたのか。外で販売している中国人女性に尋ねると日本語がまったく通じない。仕方ないので、陳列された野菜をスマートフォンで写真を撮っていると、「邪魔だから買わないならどいとくれ」みたいなことを言われて、手で追い払われてしまった。不快だが、中国人のおばちゃんに酷い対応をされたことは初めてのことではないので気にしないことにした。数年前、ＪＲ東京駅前の丸の内ビル内の天ぷら屋で、接待していた知人の台湾人に従業員の中国人女性に酷いことを言われて反論したことを思い出した。日本人であれ、どこの国の人であれ、良い人もいれば、タチの悪い人もいるのは世の常だが、横浜橋商店街の中国人女性の場合、北海農場の范さんとは随分と態度が違うものだと変に感心した。

それはさておき、別の中国系の八百屋に行ってみた。店先で働いていた女性に商品を指さしながら、なぜこんなに安いのか声をかけると、今度は片言の日本語が返ってきた。忙しいのだろう。筆者を見る女性の眉間には深いシワが一本入っていた。

「うちはね、免許があるから、他の（中国系の）店より、安く仕入れることができきんのよ。免許があるからね」

どうやら、青果市場で直接仕入れているらしい。市場によって日本独特のセリでハンドサインをこなすのは相当な技量と経験が必要とされる。日本人が代理でセリをしているのだろうか。その辺のことを詳しく知りたかったが、名刺を渡して名乗ったとはいえ、飛び込み取材だったせいか、ここでも邪険にされて取材を続けることはできなかった。

さきの姫田氏の論考を引用すると、「中国系の八百屋は、中央卸売市場でその日に売り切れなかった青果物の〝ロス〟で商売をしている可能性があるかもしれない」という八百屋の日本人経営者の話を紹介している。横浜中央卸売市場の担当者によると、中国系の売買参加者は増えており、正攻法で生鮮品を仕入れている中国系業者がいるという。眉間に深いシワを寄せたさきの女性店員の言葉が符合する。ただ、日本の店では商品にならずに破棄される一歩手前の野菜を持って行ってしまうケースもゼロではないという。いわゆるワケあり商品である。筆者などは、会社で仕事をしていて小腹が減ると、社内の雑貨店で割れた煎餅ばかりの「ワケあり」商品を好んで買って食べている。安いし、割れていようが味は変わらないからである。いずれにせよ、食品ロスは筆者も関心のあるテーマであり、「もったいない」という日本の食文化にマッチしていることは間違いない。今流行りのＳＤＧｓだ。それを買うか買わないかは、客次第なのである。

さらに別の八百屋を訪れた。バイトらしい店の高校生に店長がいるかと聞くと、すんなり店奥の事務所に連れて行ってくれたが、ここでも店長には日本語が通じなかった。店員の女性にも通じなかった。

ところが、だ。日本人と思しき女性が中国系八百屋のレジに並んでいたので、外から観察していたら、いろいろ日本語で話しているではないか。買い物を終えて店を出てきたこの日本人女性に声をかけて話を聞いた。女性は会社員の宮崎まさよさん（六十六）で、教育関係の仕事をしているという。よくこの店を利用しているのだという。

宮崎さんは、「自宅から近いし、何よりも安いから。店員も私の体に気を使ってくれたり親切なんです。『塩辛くして食べたらダメよ』とか言って。商品の野菜を売るだけではなく、料理の仕方も片言の日本語で教えてくれるので有難いです」と話す。近くには日本の八百屋もあるが、「日本の八百屋さんも時々買い物に行きますが、こちらから言わなければ、買った野菜をレジ袋に入れてくれないのよ。ここでは黙っていても無料でレジ袋に入れてくるし。日本の八百屋さんの方が（客対応は）雑ですよ」と続ける。

食材については、「今日は空心菜を買いました。このお店には全国から空心菜が集まるんですよ。珍しいでしょ？プラムも買いましたよ。日本の八百屋さんでは、六個で六百円なのに、ここでは六個で四百円なの。二パック（十二個）買ったら七百五十円だし」と中国系八百屋をグイグイ推してくる。

意外に思いながら、もう二、三人に聞いてみようと、商店街をブラブラした。店奥の店員と目が合ったので洋品店に入った。住まいは別で、店に通勤しているという四十代の女性店員は、中国系八百屋が増えていることについて、「この辺もずいぶん、様変わりしてきました。お店もお客さんも。野菜は日本のお店の方が断然質が良いので、中国の八百屋さんでは買いません」と話す。同じ洋品店の五十代の女性店員は近所に住んでいて、もっとはっきりしている。「中国のお店では絶対に買いません。モノが悪いから……」。

実はこの商店街、八百屋だけではなく、鮮魚店もいくつかあって、その中には中国系の魚屋さんも店を構えている。八百屋の場合は店の看板と値札の商品名が中国語なのですぐ見分けがつく。魚屋さんの場合も、切り身のパック詰めが散見される日本のお店と違って中国系の魚屋さんは、大きなバケツに鯉が泳いでいたり、フナみたいな魚が裸のまま店先に並べられていたりして、すぐ分かる。日本の魚屋さんの五十代の女性店員は「鮮魚の質が全く違います。見比べていただければ分かります」と胸を張る。

Uターンして今来た道を戻り、さきほどチェックしていた日本の八百屋を覗いた。少し客足が止まったところを見計らって、店の主人に話を聞いた。中国系だろうと、何だろうと、客足が増えれば相乗効果で商店街が活性化するのではないかと問うと、田岡直道さん（五十三）は「それ、フジテレビの番組だったかな？　以前、取材された際に私が話したことですよ」と言う。筆者はその番組を見ずに現地を訪れている。訳知り顔で質問した自分の身を少し恥じた。実際に生活をかけて商売し、競合関係にある中国系八百屋との共存関係について語る田岡さんの言葉と、何となく感じて口にした筆者のそれとは、言葉の重みがまったく違うからだ。

自分のところの野菜と、中国系八百屋の野菜の違いについて聞くと、田岡さんは「良いとか悪いとかは、お客さんが判断することです。質が良くても高いとか、質が悪くても安いとか。お客さんが何を基準に買い物をするのかです。例えば、『この程度の傷みなら安いし、まったく構わない』と思えば、それは売る側にとっても買う側にとっても、良いことですから。それに、中国系の八百屋が目的で商店街に来てくれる人の中には、ウチの店も覗いてくれる人がいるんで」と話す。続けて、「中国人の客の中には、『お宅の野菜は安心して食べることができる』と贔屓にしてくれる人もいるんですよ。四～五千円分、まとめ買いしてくれたりします」と語った。

中小企業庁が三年に一度、全国の商店街に景況や直面している問題などを聞き取り調査している「商店街実態調査報告書」(令和三年度版)によると、商店街の最近の景況について、「繁栄している」が前回調査の五・九パーセントから四・三パーセントに減少した。商店街に来る人は「減った」が五十五・一パーセントから六十八・八パーセントに増える一方、商店街に来る人が「増えた」と回答した商店街は十一・八パーセントから四・六パーセントに減少している。商店街の抱える問題は一位が経営者の高齢化による後継者問題七十二・七パーセントで、次いで店舗の老朽化三十六・四パーセント、集客力の高い・話題性のある店舗・業種が少ない、または無いが三十・五パーセントとなっている。空き店舗の増加も十八・四パーセントとなっている。商店街の平均空き店舗率は、前回調査十三・七七パーセントより、減少して十三・五九パーセントとなっている。

地域によって、商店街の規模によっても事情は様々である。この調査をもって十把一絡げに昨今の商店街事情をどうこう言うのは客観性を欠くかもしれない。ただ、この調査結果から言えるのは、経営者の高齢化で後継者問題に悩んでいる商店街が圧倒的に多いという事実であり、集客力のある商店を渇望している商店街が三割近くに上っていることだ。

そこで、ハタと思いつくのが、この横浜橋通商店街の特徴である。空き店舗には中国資本(中国系八百屋や鮮魚店)が入り、周辺に住む中国人を大量に集客している。その恩恵に他の日本の八百屋も浴している事実だ。経営者の高齢化はいかんともし難いが、中国系の店舗が増えたことで、商店街が活気づいているのは間違いない。一見、いいことづくめのようであるが、商店街を取り仕切る立場の人は現状をどうみているのだろうか。

つい最近（二〇二三年六月）、「横浜橋通商店街協同組合」の理事長に復帰したばかりで、蕎麦処「安楽」の店長でもある石塚安太さん（八十一）に会った。昼食のかき入れ時が終わった午後二時過ぎ、誰もいない店の二階で話を聞いた。石塚さんは蕎麦屋の二代目で、十年前まで商店街の理事長を務めていた。前任の理事長からなり手不足もあり、再度引き

著者の取材に応じる横浜橋通商店街理事長の石塚安太さん（撮影：著者）

継いだのだという。下町っぽい活きの良い話し方が魅力的だ。

「おれ、八十だかんね、八十。まだ仕事やってんだからサ」と元気一杯だ。筆者のようなサラリーマンと違って、定年がないのが羨ましいと言うと、「なるほど、そうかね。そういうもんかね」と言って表情を緩めた。本題に入ると石塚さんは「中国系店舗？ 彼らは何でもやるよ、何でも。魚はさばかないで丸ごと売るし、この間は店舗裏の住宅街でニワトリを絞めていたよ。ギョエーって。日本人はふつう、やらねぇだろ、住宅街で。びっくりしたよ」と身振り手振りで話す。「中国系店舗は五～六軒はあるかな。みな組合に加盟してもらっている。それが（商店街に店舗を構える）条件だから。加盟しなければ入れねえよ。キムチなんかを売る韓国系の店なんかもたくさ

んあってね。ほら、そこの韓国系の店は商店街の副理事長がやっていてね。客がたくさん来てるよ」と二階の窓から斜め向かいのお店を指さして語る石塚さん。

八百屋の田岡さんに聞いたのと同じ質問をしてみた。外国資本が入ると、商店街は活気づくのではないかと。石塚さんは「日本の老舗も中国系の店舗も両方流行ればいいいんじゃないの？相乗効果ってやつで。でもね、ルールは守ってもらわないと困るんだよ」そう言うとそれまでの表情がややくぐもった。石塚さんは続けて、「見ての通り、歩道にまで商品をたくさん並べてるだろう？自分の店さえ儲かれば良いという発想はよくないよ。ここは日本の歴史ある商店街なんだからサ。注意すると、日本語が分からないふりをするから困ったもんだ。それでいて自分たちの主張を通そうとするときは日本語を話す。だって日本語ができなきゃこの土地でやっていけないでしょう。多少なりとも、日本語ができるから商店街で店舗を構えているんだよ」と語気を強める。

中国系の店舗はここ十年で増えてきたという石塚さんは、七月に初めて、中国系店舗を一堂に会して会合を開くと語っていた。会合では商店街のルールの徹底を図り、ともに住みやすく商売のしやすい商店街づくりを目指したいと意気込みを語る。理由は「活気があるとか言う人もいるけど、明らかに客層が変わっちまってね。商店街に来る客のガラが悪くなって、日本人の年寄りが減ってきたかな。日本人もいるけど、時間帯によっては外国人の方が多くてサ。外国語が飛び交っているし。だからこそ、ルールを守らなければいけないことを伝える必要があるのよ。歴史のある商店街を守るために。あと、若い客が多いのはいいいんだけど、ペイペイだっけ？　現金商売している日本の古い店はやっていけなくなるだろうね。こちらもその辺を考えていかなくちゃいけないね」と話す。

いずれは、中国系店舗の経営者らも組合の役員になってもらいたいと語る石塚さん。アーケードの改修工事にも億単位の金がかかるため、商店街を一般社団法人にして、組合資金の透明化を図りたいという。

悲劇的なまでに進む日本の少子高齢化。人手不足を補うため、留学生や就労者を中国から永住を視野に大量に入国させようという日本政府の国策が続く限り、こうした中国系の店舗を抱える商店街は、今後も都市部を中心に全国各地で増え続けることだろう。

呼んでおいて、来日した外国人、とりわけ最も多い中国人に対して、「マナーが悪いから帰れ」というわけにはいかないのだ。移民政策とはそういうものである。ひとたび入国させた以上、日本政府と移住者らの日常生活を預かる地方自治体の責任で、彼らの人権を守りつつ、共に安心して暮らせる社会をつくらねばならないのである。

最近、やたらと「多文化共生」という美辞麗句が語られるが、石塚さんの証言にある通り、実際に共に生活している人々にとってはきれいごとだけでは済まないのである。それは拙著『静かなる日本侵略』（ハート出版）で紹介した埼玉・芝園団地の例をみるまでもない。五千人が住むこの団地は、日本人より外国人、とりわけ、中国人の方が多い。それも日本人の場合、若い人たちは、一時期やまなかった騒音や糞尿を垂れ流す人々との共存を嫌って転居し、残ったのは高齢者ばかりとなった。一方で、ここに住む中国人は、都心のＩＴ企業などで働く優秀なエンジニアが中国本土から日本語のまったく分からない両親を呼び寄せ、三世代同居で暮らすなど、チャイナタウン化しつつある。

つまり、受け入れるわれわれ日本が問われているのは、多文化共生ではなく、在留外国人の中でも一番多い中華文化と共生できるかどうかなのである。今、経済が傾き、私有地を持てない中国では、日本への留学や移住が大ブームとなっている。日本政府が水際で絞らない以上、中国から日本への移住は今後も止まらない。受け入れる日本人や日本人社会が、彼らから「他文化を強制」されたと感じないためにも、中国人らに例えば、芝園団地がやっているように、夏祭りとか地元の行事への積極的な参加を促すなど、地元住民との触れ合いを増やし、共に助け合える社会をつくるしか道はないのである。

第六章　「移民大国」日本で顕在化する矛盾

■寝耳に水のムスリム土葬問題

梅雨のさなかの七月八日、イスラム教徒（ムスリム）の土葬をめぐる問題で、五年間にわたり揺れ続けた大分県日出町を訪れた。

国東半島の南側、別府市北部に隣接する人口約二万八千人の小さな町は、美味しい湧き水が自慢だ。町の北側に位置する鹿鳴越連山に降り注いだ雨水が良質な湧水となり、日出町のいたるところで汲むことができる。日出町の代表的な水汲み場でもある山田湧水は、十六世紀、イエズス会の宣教師、フランシスコ・ザビエルが通ったとされる「ザビエル道（西鹿鳴越道）」の途中にある。

鹿が鳴くほど険しい山道が続くという意味合いから名付けられた山道を、レンタカーで行ったり来たりと土砂降りの中の強行軍だった。この辺りに線状降水帯が発生したというニュースをテレビで知ったのは、日帰りで帰京した翌日だった。

土葬問題が浮上したのは、二〇一八年秋ごろだ。別府市に住むムスリムの男性が日出町の山あいの土地を購入し、ムスリム専用の土葬の墓地を造成する計画に着手した。

この男性は、パキスタン出身で現在、別府市の山あいにある立命館アジア太平洋大学（ＡＰＵ）で教鞭をとるカーン・ムハマド・タヒル・アバス教授（五十五）だ。宗教法人「別府ムスリム教会」代表でもある。二〇一一年に日本国籍を取得した。

この計画に驚いたのは、計画を事前に知らされておらず、寝耳に水だった日出町に住む地元の住民らだ。聞き流すわけにはいかなかった。なぜなら、土葬墓地の予定地が湧き水の水源近くにあり、水質への影響が懸念されたからだ。飲み水への不安もさることながら、農業用のため池もある。農産品に対する風評被害への懸念もあった。古い時代の日本がどこでもそうであったように、かつては土葬もあった地域だが、現在はほとんどが火葬である。地元の住民の大半は土葬に良い印象を持っていないという。

今年五月九日、別府ムスリム教会と高平地区が五回の説明会を開くなどして交渉を重ねた結果、土葬用墓地の立地協定に合意し、この問題にようやく終止符が打たれた。

協定の主な内容は、（一）土葬する個人用の墓地は七十九区画とする（二）二十年間は同じ区画に次の遺体を埋葬しない（三）九州・沖縄に住んでいた人のみ受け入れる（四）年一回、地下水の水質検査を行うこと——など十項目にわたる。

協定の締結には、日出町役場が仲介役として参加した。町の条例で五千平方平方メートルを超える広さの町有地を払い下げる場合は議会の議決が必要となる。議会で否決される恐れがあることから、墓地の敷地面積を約四千九百平方メートルとし、関連施設などを除く敷地面積を一人当たりの墓地面積で割った結果、七十九区画という中途半端な数字となった。一人でも多くのムスリムを埋葬できるよう配慮したものだった。

厚生労働省の衛生行政報告書によると、二〇二一（令和三）年度の葬送の総数は百五十一万二千九百七十三件で、このうち火葬は百五十一万二千五百十一件で、九十九・九六パーセントに上る。これに対し、土葬はわずか〇・〇四パーセント足らずだ。厚労省が所管する「墓地、埋葬等に関する法律（墓地埋葬法）」（昭和二十三年五月三十一日制定）では、遺体の埋葬場所やその手続きについて規定されている。私有地であっても遺体を勝手に埋葬することができないのは、多くの日本人の共通認識であろう。日本では現在、遺体のほとんどを火葬して埋葬しているが、墓地埋葬法は土葬を禁止しているわけではない。

ただ、自治体によっては条例で土葬を禁止しているケースもある。例えば、東京都千代田区、中央区、新宿区などの都心部だ。土葬を原則禁止する規定がある。一方で「区長が公衆衛生その他公共の福祉の見地から支障がないと認めて許可したときは、この限りでない」と土葬の余地も残している。

■パキスタン出身の大学教授・カーン氏「今はハッピー」

ムスリム専用墓地の立地候補地を訪ねる前に、カーン氏に話を聞くため、指定されたAPUキャンパスに向かった。七月八日朝、羽田空港をたち、国東半島東側の沿岸部の埋め立て地に造成された大分空港でレンタカーを借りた。温泉で有名な「血の池地獄」を横目で見ながら、別府湾を見下ろす山頂を目指した。

インタビューの調整に当たってくれたAPUの広報担当者は「カーン先生は日常会話程度なら日本語を話せます。でも、土葬問題は敏感で言葉遣いにも気を付けなければいけないから、英語でのインタビューなら応じると言っていますが、どうしますか」という。

筆者の母国語は日本語だ。お互いに英語ネイティブのようにはいかないが、断る理由はない。カーン氏の連絡先を教えてもらい、インタビューをお願いして了承を得た。

著者の取材に応じるカーン・ムハマド・タヒル・アバス教授（撮影：著者）

待ち合わせ場所の本部棟ロビーで待っていると、端正な顔立ちのカーン氏が約束の時間通りに現れた。パキスタンでは水力発電関連のエンジニアとして勤務し、二〇〇一年に来日した。福岡市にある九州大学で通信・ネットワーク工学分野で博士号を取得し、二〇一五年からAPUで教鞭をとっている。

主なやりとりは次の通りだ。

——今年五月、地元の住民と墓地の合意に達した今の心境は

カーン氏　今の気持ちはとてもハッピーです。日出町の人たちに感謝しています。ただ、本当に疲れました。もうへとへとです。

——合意した協定では、十項目の条件がついている。満足できる内容か

カーン氏　ゼロ（決裂）より良かったですよ。少しでも埋葬地を確保することができたのですから。ムスリムは全国各地にいるので、今後、他の地域でも土葬する専用墓地が必要になってきます。満額回答ではありませんが、日出町の件は、その一里塚になったと思っています。

ひとまず、日出町高平地区の住民約二十人とは合意したが、今度は隣接する杵築市山香町の住民たちが反対の声を挙げ始めた。当初予定していた土葬墓地の候補地が高平地区の住民の反対で変更され、山香町周辺に近づいた場所となったためだ。

山香町上（かみ）地区の住民は今年六月一日、杵築市議などの協力で日出町の本田博文町長に対し、水源地に影響がないことを示す調査実施を求める陳情書などを提出した。とりわけ、住民が問題視しているのは、日出町が「山香町上地区は近隣区の住民に該当しない」とし、交渉当事者からはずしている点だ。上地区は日出町に対して「誠意ある対応」を求めている。

ムスリム教会にとっては、「一難去ってまた一難」といったところであろうか。日出町高平地区の住民とは合意したが、今度は山香町上地区の住民らによる反対の動きだ。日出町も思わぬ形で山香町の一部住民から抗議され、ムスリム教会と合わせて三すくみの構図となっている。

カーン氏へのインタビューを続ける。

――日出町は良質な湧き水で有名だが、水源の上流域に予定される土葬墓地の造成に反対している山香町の住民も、湧き水が汚染されることを一番心配している。この懸念をどう払拭するつもりか

カーン氏　土葬すると本当に水質が汚染されるのでしょうか。反対する人には、科学的根拠を示して欲しいです。猟師が鹿や猪などの害獣を駆除していますが、仕留めた害獣はすべてを処理せず、野山に放置することがあります。そういう野生動物の死体は、水質を汚染していると言えるのでしょうか。全然そんなことはないと思います。

新しく立地が決まった予定地は、大分トラピスト修道院の隣です。修道院には土葬墓地もあり、修道士が眠っているほか、厚意でムスリムも土葬させてもらっています。修道院なら良くてムスリムの土葬墓地はダメだというのは、理解に苦しみます。

――それでも、反対する人は少なくない。今後、山香町の住民たちにも粘り強く説明し、土葬墓地の造成に理解を求めていくつもりか

カーン氏　いや、もう、疲れました。この五年間、日出町高平地区の住民と交渉してきて、本当に疲れました。もう、説明を続ける気力はありません……。

■話しても分かり合えない「譲れない一線」の存在

電話などによる関係住民らへの事前の取材で、コミュニケーションに問題があったことを聞いていた。カーン氏にそれを尋ねてみた。

――土地を購入し、土葬墓地の造成する計画を立てる前に、地域の人たちと話をしたか

カーン氏　していません。そういう根回しというのを知りませんでしたから。一から十まですべて手探りで進めたのです。町役場との折衝も最初はどうしていいか分かりませんでした。

ただ、周到に根回しをして腹を割って話せば、お互いに分かりあえるとも思えない。

カーン氏は言う。

カーン氏　イスラム教徒には戒律があって、火葬は絶対にできません。土葬墓地予定地の近く

にあるキリスト教の修道院は問題ないのに、私たちだけなぜ、問題なのでしょうか。神戸市には多国籍の共同墓地があります。四十七都道府県にムスリム専用の土葬用の墓地があれば、私たちも埋葬地の問題で苦労しなくて済むのです。私は日本人として納税しています。だから税金を使ってほしいといっているわけではないんです。自分たちが出資するのでムスリム専用の墓地を日本各地に造るのが願いなのです」

ムスリムにも日本人にも譲れない一線がある。それは伝統文化や宗教に根差すものであったりして、綺麗ごとでは済まないのだ。その象徴的な出来事が土葬問題なのである。

それでも、土葬用墓地の造成協定に最終的になんとか合意した。経緯について、ムスリム墓地の造成に反対してきた日出町の衛藤清隆町会議員（七十三）にも話を聞いた。衛藤氏には筆者が借りたレンタカーに同乗して土葬墓地予定地を案内してもらった。衛藤氏は反対派の中心としてカーン氏らとの交渉に当たり、日出町が五月に提案した、水質検査などを行うことを盛り込んだ十項目の協定に合意した。

衛藤氏は、待ち合わせ場所の自宅近くのコミュニティーセンターで取材に応じ、「カーン氏の気持ちはよく分かりますよ」と理解を示した上で、「ただですよ、日本には郷に入れば郷に従えという言葉がありますから。別府市から来て、何も説明がないまま『土葬します』と言われてもねぇ」と語る。

大分県日出町のムスリム土葬予定地（撮影：著者）

協定に合意はしたが、心配は尽きないという。ムスリム専用墓地の管理が自治体ではなく、別府ムスリム教会という民間組織という点だ。本当に合意事項は守られるのか。だれがそれを確かめるのか。

「こんな山奥だし、二十四時間監視しているわけではないから、何がどうなっていくのか分からないんですよね、実際のところ」という。続けて、「法律（墓地埋葬法）では市町村長に裁量があるけど、これが問題。国が私たちに問題を丸投げするから、収拾がつかなくなるんですよ。積極的に外国人を入れているのは日本政府。土葬問題は国の責任で解決すべきです」と語る。

■多文化共生が他文化強制になってはいけない

日本は今、移民国家に大きく舵を切っている。ただ、来日する外国人労働者は馬や牛ではない。来れば日本人と同じように生活する。中には不法滞在したり、悪事を働いたりする者もいよう。だが、多くの外国人労働者は真面目に働き納税している。恋愛もすれば結婚もする。病気になって生活の糧に困ることもあろう。そんな彼らにも、健康な生活を送れるよう日本人と同様に社会福祉の恩恵を受ける権利がある。

一方で、日本に住む外国人と受け入れる側の住民とが、互いに乗り越えるには、あまりに大きな壁も存在する。それが現実の問題となって現れたのが、土葬問題であった。

「多文化共生」という言葉が世にもてはやされているが、現実はそんな甘いものではない。違った習慣や死生観を持つ外国人を受け入れる地元の住民によっては「他文化との共生」を強いられる、つまり、「他文化強制」に直面していると感じる人が実際に出てきている。

土葬問題をめぐって揺れ動いた日出町の現状は、すぐ目の前にある明日の日本の縮図である。町が日本と日本国民に残した教訓を活かすために残された時間は多くない。

■きれいごとでは済まぬ「チャイナ団地」

陽は傾いても、玉のような汗が噴き出る暑さが続く二〇二三年八月十九日夕、埼玉県川口市の芝園団地を訪れた。約五千人いる住民のうち、中国人を中心に外国人が半数以上を占めることから、「チャイナ団地」の異名をとり、多文化共生の実証実験エリアのように位置付けられているマンモス団地だ。この日はコロナ禍で休止していた団地の盆踊り大会が四年ぶりに開催されるので、様子を見るために現地を訪れた。今回で四度目である。

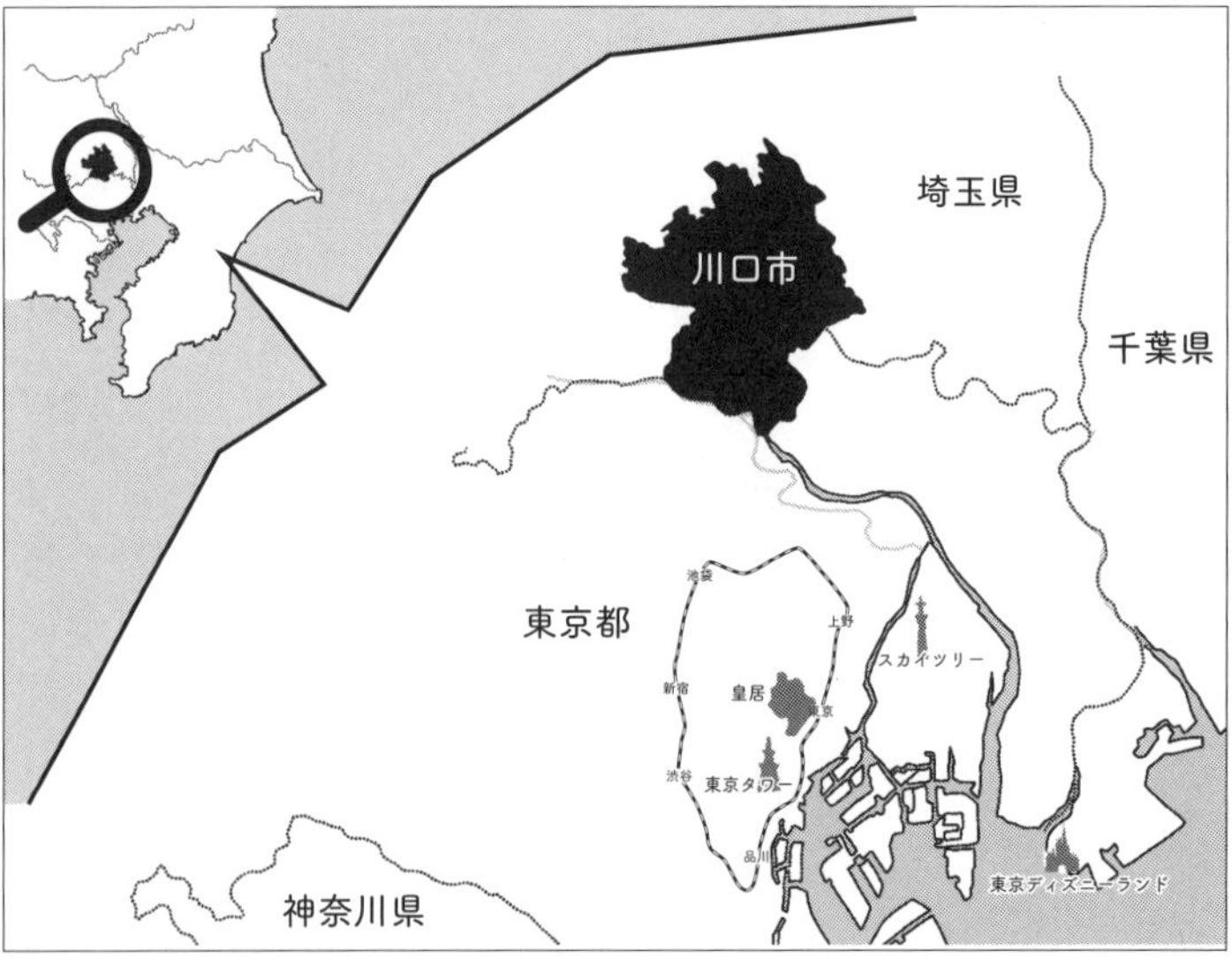

川口市の地図

元々、芝園団地は一九六四年十月に開通した東海道新幹線の車両第一号が製造された工場の跡地だった。新幹線発祥の地である。

昔からこの団地を知っているという日本人の七十代の男性住民は、街や団地の雰囲気について、「そりゃ変わったさ。団地内では中国語しか聞えてこないし。それも爺さん、婆さんの中国語と、子どもの甲高い叫び声。ここはまだマシだが、隣の西川口駅周辺なんか、怪しげな外国人だらけで、危なくて夜は歩けないという話を聞くよ」と話す。

芝園団地は約五千人の住民がおり、二〇二二年時点で、二千六百人近くが中国などアジア系の外国人で、日本人は二千百人と、外国人の居住者の数が日本人を上回っている。二〇一八、一九年当時、訪れた際に目についたのは、お腹の大きい妊婦で、そこかしこにいた。

今回も盆踊りに合わせて訪れたときは、お腹にいた子が生まれたのだろう。妊婦に交じって幼子を連れた若い両親らで団地内は賑わっていた。

一九年に訪れたとき、筆者は『日本が消える日』（ハート出版）でこう書いた。

昭和の高度経済成長時代、多摩ニュータウンに象徴されるような巨大団地や地方の社宅でも、たくさんの子どもたちがいて活況を呈していた。デジャ・ブ（既視感）だ。ただ違うのは、それが日本人ではなく、中国人であり、中身が徐々に入れ替わっているということなのだ。少子高齢が進む日本は、芝園団地で起きているように、他国から来た移民に徐々に上書き保存されていくのかという、切ない気分にさせられた。

筆者が最初に芝園団地を訪れたのは、二〇一八年八月六日のことだ。その数年前ぐらいから、「（住民の中国人が）ゴミ出しの日を守らない」「ゴミの分別もしてくれない」とか、「駐輪場が荒れている」などの不満が住民から自治会に寄せられ、ネット上でも中国系住民の勝手放題を告発するブログの類が掲載されており、自分の目で確かめてみようと思ったからだ。実際には、ネットの住民が指摘していたような、すさんだ光景は見当たらず、かなり改善されていた。ゴミ集積場には日本語、英語、中国語でゴミ収集日やゴミの分別の仕方などが色分けされて表示され、きれいに収集されていた。駐輪場も整然としており、外見的には何のトラブルもないように見えたものだった。

だが、団地の建物内では、「階段の踊り場で平気で子供に糞尿をさせている」「トイレの汚物を二～三日流さないから通路に異臭が立ち込めている」といる状態がなかなか改善されないのだという。中国人の住民が引っ越した後にまた、新たな中国人が入居してくるせいか、この状態は現在も続いており、自治会でも手を焼いているという。

特に迷惑なのが、糞尿と騒音だ。今年団地を訪れた際、祭り会場の本部テント内にいた自治会長の真下徹也さん（七十八）は、「夜中にドタバタと子どもが家の中を走り回るのはよくあること。子どものトイレが間に合わないと言って、母親がエレベーターの中で小便どころか、最近ではだいぶ少なくなってきたが大便までさせる。『エレベーターや階段の踊り場をトイレ変わりに使わないこと』という張り紙をしても効き目はない。管理者の独立行政法人都市再生機構（UR都市機構）の動きもにぶく、団地内の掃除はすべて下請け任せで頬被りだよ」という。

以前、芝園団地を訪れた際、この下請け清掃業者の男性に話を聞いたことがある。JSというマークが書かれた制服を着た彼らの風貌は東南アジア系である。小便や大便は相変わらず多いのかと聞くと、苦笑しながら頷いた。筆者が話していてがっかりしたのは「芝園団地で清掃業を始めたとき、あってはならないところにある糞尿を見て、日本人は話に聞いていたのとは違い、ずいぶんだらしなくて、汚らしい人たちだと思った」と言われたことだ。来日したばかりの彼らには当初、団地の住民が日本人なのか、中国人なのかは分からなかったのは無理もない。

団地建物内の異臭は、近くの中国人住民がトレイの汚物を流さないからだという。真下さんらが異臭について注意すると、中国人住民いわく、「水は貴重だから、トレイは三～四日に一度しか流さない」のだという。中国に住んでいたころ、水は貴重だから三～四日に一度しか流してはならないという地方政府のお達しがあり、それを守っているのだというから、空いた口が塞がらない。しかも、トイレットペーパーは流さない。中国では、ちり紙を流すとすぐ詰まるからだという。ここは日本である。出身地の習慣を当たり前のように持ち込む感覚には驚かされる。

真下さんがどうしても納得できないというのは、声の大きさだ。

日中は当たり前で、夜、団地の外で大声で会話しないよう注意すると、その大きな声で逆ギレし、威嚇してくるのだという。この状況は数年前と変わらない。団地のビルは中庭を取り囲むように建っており、夜、涼みに中庭に集まる彼らの声は、とりわけ高層階に響く。注意した相手の言い分を聞くと、「中国国内はどこもかしこも建設ラッシュで、鎚音がうるさくて相手の声が聞えないから、お互いに自然と声が大きくなる」と釈明するのだという。ここは日本だからそんな言い訳は通用しないと説くと、「日本語はよく分からない。私は知らないよ」と流ちょうな日本語で返し、その場を立ち去るのだという。

真下さんは、「今年は団地の四十周年だから、何とか盆踊り大会の開催にこぎつけたんだけどね。でも、団地の中国人住民はだれも櫓（やぐら）づくりを手伝ってくれない。自治会役員も高齢だし、来年以降はどうなるか分からないですよ」と語る。本部店と周辺にいた田中静雄さん（仮名）も、「櫓

芝園団地自治会長の真下徹也さん（右）と団地で行われた夏祭りの様子（上）（撮影：著者）

づくりは大変。役員は高齢者ばかりだから、若い中国人住民に依頼したんですけど、手伝ってくれないんですよね」と同じ証言を口にする。

　前回、二〇一九年に訪れた際、祭りで進行係の通訳をしていた当時はまだ二十代だった楊思維（ヤンシイー）さんにも同じことを聞いた。今年は夜にならないと祭り会場には来ないとのことで、再会はならなかったので、当時のコメントを紹介したい。

　楊さんは、「自治会に入ろうなんて思う中国人はいませんよ。母国ではそんな習慣はないし、行事には参加しませんから。ほとんどの中国人住民が自治会費を払うのを嫌い、自治会に入ろうとしないので、日本人と中国人の橋渡しになりたいと思って、自治会役員を買って出ました」という。楊さんは中国四川省の出身。当時すでに来日八年になっていた。中国の寧波大学日本語学科を卒業後、交換留学生として埼玉大大学院に入り、言語学として日本語を学んだ。卒業後の現在、磁気関係素材の卸売をする日系の専門商社に就職した。

こんな実態も念頭にあるのだろうか。中国共産党機関紙「人民日報」のネット版「人民網」日本語版（二〇一八年七月十七日付電子版）はこう、日本人読者に説教を垂れている。

　一部の日本人はお隣の中国人を良く思っていないが、新しく移民してきた中国人は多様化して素養も高まっていて昔と違う。外来文化に対する日本人の認識はまだ『小学生レベル』。一日も早く見解を改め、従来の価値観から卒業すべきだ。ほとんどの日本人はお隣の中国人に直接不満を言うことはなく、ネット上で愚痴るのが関の山だ。

人民網が言うように、「多様化して素養も高まっている」中国人も増えてはいるのだろう。実際、芝園団地を取材した際に出会った楊さんは日本のＩＴ企業に勤め、いかにも優秀そうな感じの良い好青年だった。

だが、今後、中国からの移民がどんどん増えれば、楊さんのような善人ばかりが来日するとは限らない。団地内の中華料理店に入ったら、上半身刺青をした強面の男性が、左足を椅子に載せながら何かを食べていた。芝園団地が当初苦しんだような、団地に先住する地元住民との軋轢をまた繰り返さないとも限らない。子供の糞尿を垂れ流すなど、日本人の生活習慣では考えられない非常識な行動をとる人が出てきてトラブルを起こさない保障がないのもまた、事実なのである。

そんな芝園団地だが、二〇二三年夏、自治会役員の一人に在京キー局の民放の報道番組から取材の依頼があったという。内容は「隣の西川口駅周辺は、夜中に爆音をたてて暴走するなど、法律を守らないクルド人らの狼藉で大変なことになっているが、蕨駅を最寄りとする芝園団地は多文化共生が成功したモデルケースだと思う。ぜひ、好意的に取り上げたい」というものだったという。

自治会役員は外国人との共生にはかなり理解がある方だ。だが、この役員は取材依頼をしてきた報道担当者に「そんなきれいごとで済む話じゃないんですよ。大変なんだから。特に騒音はひどく、何ともならないのが現状です。成功例でも何でもありません」と言って断ったそうだ。この役員はそう言うと、「匿名なら何でも話すから、また来てください」と言って、忙しそうに本部テントに戻っていった。

芝園団地には、十年ほど前に発足した学生ボランティアによる「芝園かけはしプロジェクト」があり、中国人ら外国人と日本人がともに安心して暮らせる共生社会の実現を目指した交流イベントを行っている。団地内のベンチに書かれた中国人らに対する心ない落書きをペンキで消すことから始まり、日本の生活習慣を伝える講習会を開くなど「多文化共生」の取り組みが国からも評価され、二〇一五年度の「あしたのまち・くらしづくり活動賞」の総務大臣賞をはじめ、外務省の外郭団体「国際交流基金」から「地球市民賞」を受賞した。受賞理由は「コミュニティが直面する課題に対応する多文化共生の先進的事例として、交流イベントの開催や中国語SNSを活用した情報発信など、自治会のさまざまな取り組みの結果、中国人の自治会役員が登場するなど、共生の意識の根付く活気にあふれる団地となった。これから日本全国のコミュニティが直面する課題に対応する新たなモデルとして意義がある」というものだった。

しかし、脱サラしてこの団地に移住し、自治会事務局長として「共生」の旗振り役をしていた男性は引っ越して今はいない。自治会役員の一人に理由を聞くと、「あれだけ立派なことを言っていて、何なんだろうね。本人に聞いてみてよ」とのことだった。

先述の真下さんは言う。UR所属の中国人の中国語通訳から、「中国は自分のモノは自分のモノ。他人のモノも自分のモノ。盗られる方が悪い」という文化だから、よくよく気をつけた方が良い——とアドバイスされたそうだ。自分の理解では、そういう発想をする人々が世界にはたくさんいる。だが、中国人自身がそんなことを言うのは筆者も初めて聞いたので、驚いた。何しろ、「上に施策があれば、下に対策あり」のお国柄である。共存共生するのは、取材依頼してきた民放の記者のように、部外者が思うほど生易しいものではないのである。川口市が発行する「広報かわぐち」二〇一八年八月号で、時間をかけてでもお互いを理解し合う「共生」への熱い思いを語っていた事務局長もいなくなった。

祭り会場で、日本人女性とおぼしき人を見かけたので、声をかけた。「ここは外国人が多いですね」と。すると、こんな答えが返ってきた。

「エレベーターを降りて日本語が聞こえるとホッとします」。

芝園団地で想起するのは、千葉市美浜区の一帯だ。日本人、中国人を問わず、団地にレッテルを貼るのは気が引ける。だが、団地の自治会住民がそう自称しているので、ここでは便宜的に「チャイナ団地」と書かせていただく。

都心から電車で四十分ほどの通勤圏に位置するＪＲ稲毛海岸駅周辺の高浜と高洲エリアには、五階建ての団地が数え切れないほど林立する。初めて訪れた二〇一八年夏以降、このエリアを三度訪れているが、芝園団地と同様、このころまでには、自転車置き場も、ゴミ捨て場も分別されていた。だが、住民の中国人は無断で、共用スペースの庭に勝手に菜園をつくり、注意されても野菜づくりをやめようとしないことが問題化していた。

千葉市美浜区の高浜県営第二団地の会長に就任して十三年近くになるという主婦の鈴木孝子さんによると、中国人住民による騒音だけでなく、偽装結婚も流行っていると聞いた。否、偽装ですら結婚していないのに、夫婦を装って団地に居住している中国人女性がいたというのだから、あきれる。

芝園団地だけではなく、なぜこのエリアを取り上げたかというと、興味深い事実があったからである。中国人住民が多いというだけで、何の接点もないように見える埼玉県川口市の芝園団地と千葉市美浜区の高浜・高洲エリアにを結ぶ太い線の存在だ。

点と点をつないだのは、無許可で食肉を販売していた中国人ドライバーだった。二〇一八年八月ごろから、川口ナンバーをつけた保冷車が美浜区を訪れるようになった。中国人が中国人相手に商売をするためだ。

自治会などによると、毎週日曜の朝、保冷車が地元の小学校前の路上に横付けし、急ごしらえの切り株のようなまな板の上で、肉の塊を大きな中華包丁でさばき、中国人住民らが冷凍の食肉を大量に購入していたのだという。大勢の中国人が集まりだし、両手に持ったスーパーのビニール袋いっぱいに冷凍肉を買っていたという。

県営住宅を管理する千葉県や千葉市保健所などによると、事情を聴いた中国人ドライバーは以前、川口市に隣接する埼玉県蕨市で食肉販売をしており、食肉加工の取扱い免許があったという。証拠はない。食肉販売には食品衛生法に基づき、都道府県知事の許可が必要だ。だが、ドライバーは昔も今も、千葉県知事から販売許可を受けていなかった。

美浜区のＪＲ稲毛海岸駅前には、巨大なスーパーがある。どこで何を買うのか、それは消費者のまったくの自由だが、それが違法販売による食肉であれば話は別だ。百歩譲ってそれを買う中国人たちは違法販売と知らなかったとしても、炎天下の中での路上販売である。食中毒や伝染病が発生しないとも限らない。衛生上極めて重大な問題だ。

だが、千葉県や県警は、常習性がなかったため注意だけして放免したという。食肉販売の男性は味をしめたのだろう。最近こそ来なくなったというが、それ以降も高浜エリアで違法販売を繰り返していた。

ドライバーが販売していた肉店は、JR西川口駅から徒歩数分のところにある。店構えからして日本人を決して寄せ付けない、牛の背骨とか見たことのない肉の部位を記した大きな看板が店外に掲げてあった。

地元住民は、違法販売だけではなく騒音やゴミ分別の無視など、かつて芝園団地が経験した問題にも悩まされている。県営住宅を管理する県には、今まで以上の取り組みが求められるのは言うまでもない。

埼玉県川口市と千葉市美浜区という点と点がつながり、線になった。それはいずれ面となり、首都圏で静かに、しかし着実に広がり続ける予兆とみてよいだろう。

■西川口の触法クルド人

現在、芝園団地は飽和状態らしく、新たに日本にやってきた中国人らは、西川口方面に移動し始めている。芝園団地が当初、ゴミ出しルールを守らない中国人らに苦しめられたのと同じことが、西川口駅近くのUR団地で起きつつあるのが現状だ。

西川口は二〇一六年に改正された川口市の条例で、風俗店が軒並み退去したり店じまいした。その後に中華料理店が入り込み、チャイナタウン化し始めている。現在は、もともと蕨市に多く住んでいたクルド系の住民が年々増え、治安が極端に悪化している。

ワラビスタン――。「スタン」は、ペルシャ語で「土地や国」を意味する。アフガニスタンやパキスタンなど、イスラム教国にみられる国名を文字って、そう呼ばれているのが川口市界隈や隣接の蕨市周辺だ。もともと鋳物産業で栄え、東京に近く家賃も安いことから在日朝鮮、韓国人らが多く、最近では中国やベトナム人らもやってくるようになった。

川口市は現在、人口約六十万人のうち外国人住民数が約三万九千人と人口の六・五パーセントを占め、令和二年からは東京都新宿区を抜いて全国で最も外国人の多い自治体となった。トルコ国籍者も国内最多の約千二百人が住んでおり、大半がクルド人とみられる。トルコ国籍のクルド人の多くは祖国での差別や迫害などを理由に日本で難民申請しているが、認定された人はほとんどおらず、不法滞在の状態が続いている人も少なくない。

クルド人は、トルコやシリアなどを中心に三千万人いるとされ、それぞれの国では少数民族のため、「国を持たない最大の民族」と呼ばれている。トルコと日本の間には短期滞在査証（ビザ）免除の取り決めがあり、観光や会議への出席などを目的とする三カ月以内の短期滞在についてビザは不要だ。こうした渡航の容易さから一九九〇年以降、多くのクルド人が来日するようになったという（産経新聞）。在日クルド人はトルコ国内での差別や迫害を理由に難民申請をするケースが多いが、トルコ国内にはクルド系の国会議員や実業家もおり、一概に差別や迫害を受けているかどうかの判断は難しいという。

三カ月たってまだ日本にいたとしたら不法滞在である。ただ、旧来の制度では難民申請をすれば、強制送還の手続きが止まる仕組みになっているから厄介だったのだ。法の不備はただちに是正する必要がある。その意味で、外国人の収容・送還に関するルールを見直す改正入管難民法が二〇二三年六月に成立したのは半歩前進だ。

法律は、不法残留する外国人を強制退去させることが難しく、入管施設での収容が長期化している現状を改める措置だ。残留目当てで難民申請を悪用することがないよう、無制限だった申請回数を原則二回にすることなどが柱である。不法残留者であっても人権に配慮すべきは当然だが、その一部が治安を脅かしている現実から目をそらすわけにはいかない。厳正な出入国管理は国家の責務だ。

ただし、改正法が成立したとはいえ、本来は不法滞在で送還が決まり、入管施設に収容されるべき人が一時的に収容を解かれて「仮放免」されているケースも多く、運用のあり方に大きな問題が残る。コロナ禍で、施設内でのクラスター発生を恐れた入管当局が必要以上に収容者を仮放免した事実がある。これは筆者が入管当局者と対面取材した際に、担当者の口から直接聞いたことだ。この点については別途詳述したい。

そんな川口市にさらなる激震が走った。

トルコ政府が二〇二三年十一月二十九日、川口市を中心に活動するトルコの少数民族クルド人の団体「日本クルド人文化協会」と「クルディスタン赤新月」の二団体と同協会に関係する個人の計六人を「テロ組織支援者」に認定し、トルコ国内の資産凍結を発表したためだ。トルコの非合法組織「クルド労働者党（ＰＫＫ）」へ資金提供を行っていた、というのが理由だ。東京都に隣接するベッドタウン川口市では今夏、クルド人による百人規模の乱闘騒ぎがあったばかり。十一月には、クルド人側と市や県警が連携して合同パトロールを実施するなど、防犯対策に乗り出した矢先のテロ支援認定だった。

本来なら、テロ組織やその支援者らを取り締まるべき警察が、よりにもよって、トルコ政府のいう「テロ組織支援者」と防犯パトロールをしていたことになる。

県警はトルコ国内の情勢を知らなかったのだろうが、市民の安全を守る治安機関として、トルコ政府の決定にさぞかしバツが悪い思いをしたことだろう。

ただ、川口市は二〇二三年一月一日現在、外国人が約三万九千人、総人口の約六・五パーセントを占め、全国で最も外国人住民の多い自治体として「第二次多文化共生指針（二〇二三～二七）」を打ち出している日本随一の「国際都市」でもある。

県警にあれこれ言うのも酷かと思うが、警察庁と緊密に連絡をとるなど、もっと国際情勢にアンテナを張っておくべきではなかったか。

今後も合同パトロールを続けるかどうか、県警本部に電話で問い合わせたが、「報道機関には広報するが、フリーの記者は一般市民と同じなのでお答えできません」という回答だった。

ただ、取材結果を発表する媒体（本書）を伝えている以上、もう少し取材要請への対応に工夫があっても良かったのではないか。目の前にある事実を報じない「報道機関」が少なくないので、残念である。

一方、川口市の担当者は電話取材に対し、トルコ政府が日本クルド文化協会などをテロ組織支援者と認定したことについて、「トルコ国内の事情は知らなかったので、トルコ政府が日本クルド文化協会をテロ組織支援者に認定したことに驚いている。それ以上のことは答えられない。合同パトロールは、出入国在留管理庁から県警を通じて話があったので協力することになった」と語った。

今後の対応については、「合同パトロールへの参加は考えさせてもらう。市としては、警察のように取り締まることはできないので、防犯の啓発活動を粛々とやっていくしかない。テロ組織に関することは、国に責任をもって対応してもらいたい」と話した。

■日本初？　国際テロ組織の支援者が国内に拠点？

トルコ財務省の公式サイトによると、ＰＫＫへ資金提供するなどしたテロ組織支援者と認定したのは、欧州やオーストラリア、日本に拠点を置く六十二の個人と二十の組織である。これらについて、十一月二十七日付でトルコ国内の資産を凍結する決定を発表した。

公安調査庁が毎年公表している「国際テロリズム要覧」によると、ＰＫＫは、「クルド人国家の樹立」を掲げて一九八四年に武装闘争を開始し、九〇年以降、国内各地でテロを引き起こしてきた。

今年十月には、トルコの首都アンカラの内務省庁舎前で自爆テロが行われ、犯人とみられる二人が死亡し、警察官二人が負傷した。ＰＫＫに近いメディアは、「われわれにつながる組織の一員」が攻撃を実行したとするＰＫＫの事実上の犯行声明を伝えた。

さて、今回トルコ政府にテロ組織支援者と認定されたのは、日本国内では、日本クルド文化協会と、同協会事務局長で東京外語大講師のワッカス・チョーラク氏（四十二）ら計六人だ。

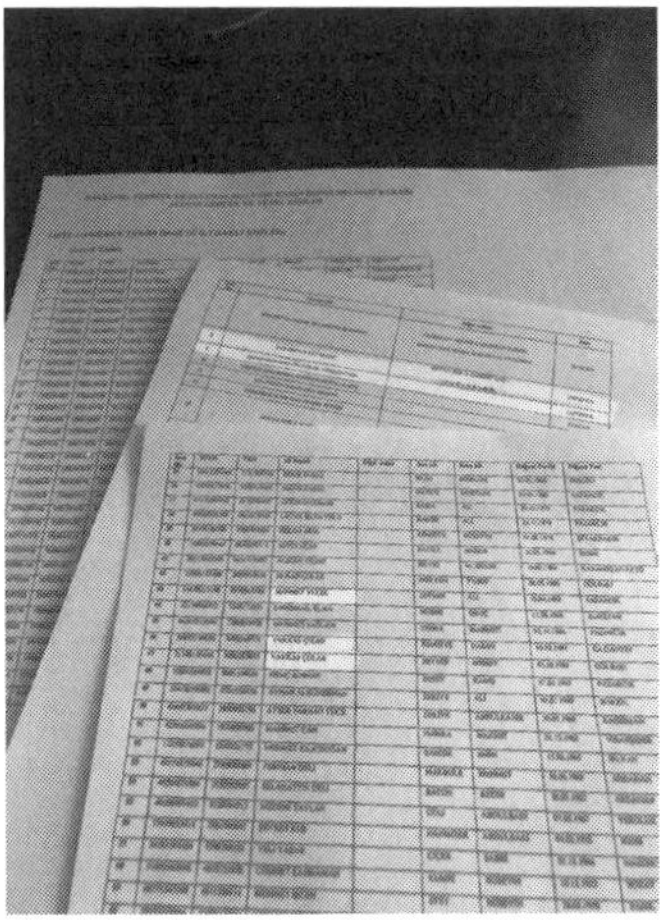

トルコ財務省が作成した「テロ組織支援者」リスト

同協会は、「クルド人、日本人、その他の国民との友好関係の構築」などを設立目的とした一般社団法人で、二〇一五年に活動を始めた。市民との文化交流のほか、街の清掃などを行ってきた。先述の通り、十一月四日には市や県警と合同パトロールを行っている。

五万六千人以上が死亡した二月のトルコ・シリア大地震では、川口市内を中心に募金活動を実施し、四千万円を集めた。

産経新聞によると、募金活動の際、協会事務所の壁にＰＫＫ創設者とみられる男性が描かれた旗が飾られていると指摘された（二〇二三年十二月五日付電子版）という。

トルコ政府の決定について、ワッカス・チョーラク氏は筆者の取材に対して十二月八日、電子メールで回答し、「テロ支援の事実はなく、冤罪であり困惑している。トルコ法務省に自分の犯罪経歴の調査を求め、『犯罪歴がない』という結果の正式な文書を受け取っている」と語った。なぜ、テロ組織支援者に認定されたのかについては、「誤認であるか、政治的迫害の可能性がある」とした。

日本国民や在日クルド人らから集めた四千万円の募金の使い道については、「トルコの国会議員を通じて被災地で赤十字のような活動をしている団体に渡されテント村がつくられた。その国会議員から届いた感謝の動画を当協会のホームページに掲載している。議員と政党からの感謝状が日本政府にも届けられた。日本の皆様にもう一度感謝申し上げたい」と説明した。実際、トルコ日本友好議員連盟の国会議員、ガジアンテップ氏が避難民が暮らすテント前から、日本への支援に感謝するメッセージを送っていた。出来れば、使途に関する細目一覧を公表すれば、日本人の理解はさらに得やすいだろう。

ただ、ワッカス氏の言い分が何であれ、トルコ政府が日本クルド文化協会やワッカス氏らをテロ組織支援者と認定したことで、市民の見る目が厳しくなるのは間違いない。ただでさえ、暴走車の騒音や強姦事件、女性への声掛けなど、治安悪化への地元住民の懸念の声は強い。

認定問題について、ワッカス氏は回答の中で、「日本の皆様に説明を尽くしていきたい。事実関係やトルコ共和国とクルド民族の複雑な対立の歴史、近年の共存に向けた和平プロセスの開始と中断など理解いただき疑惑を払拭できるように努める」と語る。

一方、クルド人をめぐる問題の改善に取り組んできた川口市議会議員で自民党所属の奥富精一氏（四十九）は十二月七日、顔を見ながらのリモートで取材に応じた。

奥富市議は、「クルド人を差別する意図もなければ、排斥を唱えているわけでもない。クルド人全体を指弾するものでもない。しかし、守るべきルールは守り、市民の平穏な暮らしを脅かすべきではない」という至極まっとうな考えの持ち主だ。

クルド人をめぐる問題の改善に尽力している
奥富精一川口市議（撮影：著者）

そんな奥富市議だが、トルコ政府の決定について、「驚きは隠せない。日本クルド文化協会の人たちも知っているし、悪い人ではないということも分かっている。でも、トルコ政府がテロ組織支援者と認定したことは、一般の市民にすれば、暴力団事務所があるのと一緒で潜在的に恐怖でしかない。まったくもって迷惑だ」と顔を曇らせながら話した。

奥富市議はまた、「当然市議会で取り上げるが、地域の不安を取り除くためにも、国に対応をお願いするしかない。川口どころか日本国内に国際テロ組織があるということ自体が驚きだ」と言い、クルド側の反論については、「トルコ国内の事情が分からないから、トルコ国内の事情を川口に持ち込まれても困る」と語った。

トルコのエルドアン大統領が日本がＰＫＫをテロ認定から除外したことについて、国際会議の際に岸田文雄首相に不快感を示したとトルコメディアが報じていることに関しては、「川口市という地域の治安問題が国際問題となり、戸惑っている」と述べた。

■公安調査庁の大失態

情けないのは、ＰＫＫをめぐる公安調査庁の対応だ。

十一月二十四日にインターネット上に公開された二〇二三年版の「国際テロリズム要覧」で、テロ組織のリストからＰＫＫなどを除外していたことが判明したことから、トルコ国内で反発が拡大した。

すると、公安調査庁は該当箇所のホームページを閲覧不能とする一方、ＰＫＫをテロ組織と認定した二〇二二年版を参照するようホームページ上に掲載したのだ。

公安調査庁は、「『国際テロリズム要覧２０２３』から抜粋し、公安調査庁ウェブサイトに掲載していた『主な国際テロ組織等、世界の国際テロ組織等の概要及び最近の動向』と題するウェブページについては、政府の立場について誤解を一部招いたことから、当該ページは削除しましたので、お知らせします」とした。

そのうえで、「『主な国際テロ組織等』については『国際テロリズム要覧2022』の掲載内容をご参照ください」とし、下線部をクリックすれば要覧のPDFに飛ぶよう誘導していた。最新版の要覧は、PKKのほか、イスラエルとの戦闘が続くイスラム原理主義組織「ハマス」も削除していた。

これについては、小泉隆司法相が十二月七日の参院法務委員会で、鈴木宗男氏の質問に答える形で、「明らかにおかしい。正しい道に戻る方策をとる」と答弁し、最新版の要覧を修正する考えを示した。

■出入国在留管理庁の大チョンボ

入管当局もトップの責任で、不法滞在者の扱いについて、過去の誤りを国民の前に明らかにすべきである。過去の誤りとは、本来なら不法滞在で収容し、母国に強制送還すべき対象者を必要以上に仮放免を認めてしまったことだ。

理由はコロナ禍で収容先の入管施設で小規模集団による感染(クラスター)が起きる懸念があったためだ。入管関係者は匿名を条件に「仮放免という形で、必要以上に釈放してしまった。これは完全にウチ（入管当局）の落ち度だ」と証言した。これは筆者が今年初め、入管関係者に対面取材して直接確認した事実である。

仮放免者には逃亡する者も少なくなく、中には犯罪に走る者や犯罪を繰り返す不届き者が続出しているのだ。

もう一つの理由は、かねてからの課題であった長期収容を是正する必要があったためだ。収容者にかかる医療費は一人ひと月当たり、約二万四千円。食糧費は全体で三億円かかり、ある大規模の収容施設では、食習慣や宗教上の理由などから、約九十人の収容者に対して五十種類を超える特別食を提供している、という。

送還費用も馬鹿にならない。コロナ禍で送還者が大幅減少した二〇二〇年を除き、一億円から二億円台で推移している。だからといって、放免すべきでない人物を放免して良い理由にはならない。出入国在留管理庁によると、退去強制となる理由は、不法滞在（二〇二三年二月現在、約五万八千人）、不法就労、重大犯罪で有罪となったケースなどだ。退去強制に応じたり、自発的に帰国したケースが大半だが、送還忌避者は二〇二一年十二月末現在、計三千二百二十四人上る。このうち、前科を有する者は千百三十三人で三分の一強を占める。

国籍別の内訳は、トルコ四百二十六人、イラン三百三十人、スリランカ三百十一人など。トルコ籍の大半はクルド人とみられる。

送還忌避者三千二百二十四人のうち、病気等のために一時的に収容を「仮放免」は二千五百四十六人もいる。仮放免中に逃亡した者は五百九十九人と四分の一強に上る。

逃亡した仮放免者の中には、覚醒剤取締法違反で実刑判決を受け、刑務所を出所後の入管施設収容中に難民認定申請をし、その後、仮放免許可が出たケースなど枚挙にいとまがない。

難民申請の回数を制限した二〇二三年六月の入管難民認定法の改正前までは、難民認定を申請中であれば、強制送還されないで済んだ。難民に該当しない刑法犯までが、難民申請を繰り返してきた。二〇一〇年に一千二百二件だった難民認定申請数が一七年には十六倍の一万九千六百二十九件にまで膨れ上がっていた。刑法犯らによる難民申請の濫用である。

クルド人の仮放免者の中にも逃亡者が含まれている可能性がある。この点について、さきのワッカス氏は、「ご指摘の通り、政治的な迫害を受けて難民申請している者と、出稼ぎのような形で申請している者とがいる。後者については、日本の法の下で厳正に対処していただきたい。ただ、在日クルド人の人数と難民申請の数から考えると、トルコ国籍者がクルド人を語って申請するケースも一定数あると見受けられる」としている。

不法残留者であっても人権に配慮すべきなのは当然だが、その一部が治安を脅かしている現実からも、目をそらすべきではない。

そもそも、川口のクルド人問題は、彼らの一部が改造車を夜中に爆音を立てて走り回らせたり、強姦事件を起こすなどの違法行為を繰り返してきたことから、顕在化した。

二〇二三年七月四日午後九時ごろ、川口市内の総合病院「川口市立医療センター」周辺に百人近い外国人が集まった。トルコ国籍のクルド人とみられ、騒ぎは翌五日未明まで続いた。産経新聞などによると、四日午後、トルコ国籍の二十代男性が市内の路上で複数のトルコ国籍の男らに襲われ刃物で切り付けられた。その後、男性が救急搬送された仲間らが病院へ集まり、救急外来の入口扉を開けようとしたり、大声を出したりしたという。病院は警察に通報し、救急搬送の受け入れを停止する事態となった。川口市立病院は埼玉県南部の川口、戸田、蕨の三市で唯一、命に関わる重症患者を受け入れる「二次救急」という指定病院である。この日は、幸いにも命にかかわる救急搬送はなかったというが、とても救急車が入れるような状況ではなかったという。ここまでくると、もはや迷惑で済む話ではない。

埼玉県警からは多数のパトカーや機動隊が出動し、男二人が暴行や警官に対する公務執行妨害の現行犯で逮捕され、別の男四人が男性に対する殺人未遂容疑で逮捕された。産経新聞の取材によると、騒ぎを目撃した飲食店の女性は「男たちが、わずかな時間に次々と集まってきた。サイレンが鳴り響き、外国語の叫び声が聞こえた。とんでもないことが起きたと思い、怖かった」と語っている（二〇二三年七月三十一日付産経新聞朝刊）。

地元の関係者によると、被害者のクルド人は全身を十数カ所刺されたが、一命は取り止めたという。これはナイフの使い方に慣れたクルド人が致命傷になる箇所をピンポイントで避けたからだというから、恐ろしいではないか。つまりは、ナイフを使った喧嘩に慣れていると言っている。元々遊牧民で家畜とともに生きる伝統と歴史を持つクルド人は、子供のころから生活必需品としてナイフに親しんでいたと関係者は解説してみせた。

今、紹介したような殺人未遂事件だけではない。川口市内では、深夜の騒音や改造車による暴走行為など、クルド人による日常的な迷惑行為や触法行為が頻発するなど、治安が年々、悪化しているという。実態を見かねた川口市議会は、国や県などに対し、「一部外国人による犯罪の取り締まり強化」を求める意見書を可決した。名指しこそしていないが、クルド人を念頭に置いたものだ。

六月二十九日に市議会で可決された意見書は、議長を除く四十一人の採決の結果、三十四人が賛成した。提出先は衆参両院議長と首相、国家公安委員長、埼玉県知事、県警本部長で、「一部の外国人は、資材置き場周辺や住宅密集地などで暴走行為やあおり運転を繰り返し、窃盗や生涯などの犯罪も見過ごすことはできない」とし、警官の増員や犯罪の取り締まり強化を求めた。

意見書の採決に反対したのは、共産党四人と立憲民主党二人、れいわ新選組一人だ。れいわ新選組所属のもう一人の女性市議は賛成に回った。市議は議会関係者に「自宅の前でも毎日のように暴走車両が通り抜けて、近所から苦情が殺到しており、見過ごすことはできなかった」と語ったという。議会関係者によると、賛成した女性市議は、党の方針に従わなかったとして、党内や支持者らからバッシングを受けたという。

八月二十一日昼過ぎ川口市議会を訪れ、クルド人問題に取り組んでいる奥富市議に話を聞いた。

——大変なことになっているが

奥富氏　今に始まったことではありません。ここ数年、どんどん治安が悪化して、不安を訴える住民が増えています。私は、不法行為をしない、地域の慣習、ルールを守るという、この二つを訴えたいだけです。川口市内には解体に伴う資材置き場が約七百カ所ありますが、このうち、百四十カ所はクルド人が関わっていることが分かっています。

——地場産業の鋳物業ではなく、解体業に就くクルド人が多い

奥富氏　鋳物業で働くクルド人はほとんどいません。多くは解体業です。彼らは日本人がやらない3K（きつい、汚い、危険）を率先してやっているのだと主張しています。日本の業者の下請けです。

——先日、空き家に侵入し現金を盗んだとして、邸宅侵入と窃盗の疑いで、二十代のトルコ国籍の男三人が逮捕された。空き家を狙った同様の被害は、県南東部を中心に約三十件あるとみられている。埼玉新聞によると、三人は深夜に空き家の窓ガラスを工具などで突き破り、窓の鍵を開けて侵入する手口で、現金や貴金属を窃取していた

奥富氏　解体業との関係も疑われるので警察にはしっかり捜査していただきたい。なぜなら、解体業者の事務所に行くと、受注した空き家などの解体先がホワイトボードなどに書いてあり、「ああ、そこには人が住んでいないんだな」と、どこが無人なのかすぐ分かるのです。

——空き巣に入ってくれといっているようなものだ

奥富氏　そうなんです。すべてがこうしたクルド人など外国人の仕業ではないでしょうけれど、空き家対象の窃盗被害は二〇二二年一年間で三百四十三件で、一〜三月の被害は二二年の三十一件に対し、二三年は八十五件と三倍近くになっています。

クルド人ではなく中国人のケースとみられるが、この問題を取材中、四国でも空き家侵入事案が判明したので、別途詳述する。

——他に、どういった問題が起きているのか。奥富さんは、問題を起こすクルド人を触法クルド人と呼んでいるが、その理由は

奥富氏　まず、断っておきたいことがあります。私はクルド人を差別するつもりもなければ、排斥を唱えているわけでもありません。でも、先ほど申し上げた通り、守るべきルールは守ってほしい、住民の平穏な暮らしを脅かさないでほしいと。言いたいことはそこに尽きます。クルド人の中にもルールを守ってまじめに生きている人もいるでしょう。ですから、素行が悪く、ルールをわきまえない一部のクルド人という意味で「触法クルド人」という言葉を使っています。クルド人全体を批判しているわけではありません。

――どんな問題があるのか

奥富氏　深夜、駐車場やコンビニ周辺にたむろし、乱闘騒ぎを起こす。改造車で爆音をたてながら乱暴な運転をする。二〇二一年十月には、川口市内で六十九歳になる日本人が県道を横断中にトラックにはねられて死亡するひき逃げ事件が起きました。出国しようとしたところを自動車運転処罰法違反（過失致死）と道交法違反（ひき逃げ）の疑いで逮捕されました。犯人は無免許とみられ、容疑を否認していました。無保険、他人名義といったことも珍しくありません。

――事件化しない騒動もある

奥富氏　物損事故は日常茶飯事です。二〇二二年七月には、触法クルド人に追突事故を起こされた市民が警察を呼ぶと、どこからともなくクルド人が現れ、その数はみるみるうちに膨れ上がって二十人近くとなり、大声で喚き散らしたり、集団で威圧するような姿勢をみせたということです。

――入管による仮放免も問題だ

奥富氏　送還が決まった人は入管施設に入って送還を待つのが筋です。しかし、送還忌避者が増えたことで収容が長引き、施設が逼迫していると聞きました。「仮放免」が許可され、それで川口市に来た人もいます。仮放免の期間が長期化して既に結婚し、子供がいるクルド人もいます。義務教育は在留資格のいかんにかかわらず、外国人にも無償での受け入れが保障されています。親が仮放免中であっても子供は普通に学校に通うことができるのです。

斎藤健法相は二〇二三年八月四日、日本で生まれ育ったが、親が強制送還対象などのため、在留資格を持たない外国人の子供に対し、一定の条件を満たせば法相が裁量で在留を認める「在留特別許可」を付与する方針を発表した。百四十人以上が対象となる見通しで、家族にも在留を認める。出入国在留管理庁によると、在留資格がなく本国への強制送還を拒否している外国人四千二百三十三人のうち、日本生まれの十八歳未満の子供は令和四年十二月時点で二百一人。このうち自ら帰国した子供を除く七割と、その家族が対象となる見込みだ。今年の通常国会の改正入管難民法を巡る審議で、斎藤法相がこうした子供らの救済について検討を表明していた。ただ、不法入国歴▽偽造在留カードの行使や偽装結婚歴▽薬物使用・売春などの違法行為▽懲役一年以上の実刑▽複数の前科——などの事情が親側にある場合は、日本で生まれ育った外国人の子供であっても、基本的に在留は認めない。斎藤法相は、「子供自身に責任はないのに生活が不便な状況に置かれており、何とか救えないかと検討してきた。適正な入管行政を維持しつつ、できるだけ子供を保護する」と説明した。強制送還の拒否に罰則を設けるなどした改正入管法により、こうした子供が増える見込みはないことから、対応は「今回限り」とも述べた。

（二〇二三年八月四日付産経新聞電子版）

法相の裁量による措置が前例となれば、子供を使った不法入国の誘発につながる恐れも否定できない。そもそも、子供だけが在留することなどあるのだろうか。身元引受人を探してきて、その人に預けるという方法が想定される。だが、親子を引き離すのは人道的に問題だとして、結局、親の在留も認めることにつながってしまうのではないのか。問題を注視していく必要がある。

——最近、産経新聞が七月初めのクルド人同士の殺人未遂事件を周回遅れで報じたが、住民が不安や憤りの声をあげているのに、他のメディアは報じない。だから何がどうなっているのか、部外者にはまったく分からない。人権団体などの批判を恐れているのか、面倒臭がっているのか、「報道しない自由」を発動しているのは怠慢としか言いようがない

奥富氏　メディアは反射的なのか、意図的なのか、常に外国人の方ばかりを持つ記事が散見されます。難民申請を繰り返す外国人を取り上げ、二〇二三年に成立した改正入管法を批判し、外国人を母国に追い返すなんて迫害の危険に去らす人権侵害だ——などと訴え入管を指弾する内容が目立ちします。不法滞在者には、そもそも在留資格がないのですから、生活に困る場合が少なくありません。犯罪にもつながりかねません。入管行政の矛盾や運用の問題を川口市に背負わせているように思えます。

――彼らの違法行為には目をつぶり、お涙頂戴で美談仕立てにして国を批判することが自分たちの役割だと勘違いしているとしか思えないメディアも少なくない。川口市の対応はどうなのか

奥富氏　二〇二二年度末に川口市から外国人に対する市の方針「第二次川口市多文化共生指針改定版」というのが出ました。しかし、触法クルド人と住民のトラブルや違法行為などについては一切言及がありません。日本に住む以上、外国人にも責任があることには何一つ触れられていないのです。その一方で、日本人がやらなければならないことだけは延々と記されています。

――郷に入っては郷に従え。当たり前のことではないだろうか

奥富氏　私は外国人差別もヘイトスピーチも強く批判しますし、川口氏に住みたいという外国人を拒むつもりもありませんが、ルールを守っていない外国人には厳しく対処すべきだと考えます。日本人にだけ「やるべきこと」を課し、外国人に合わせていかなければならないという考え方は、どうみても理不尽です。日本政府は現実を踏まえ、法を厳格に適用していくべきだと思っています。

奥富市議へのインタビューを終えた後、筆者はクルド系解体業者が集まる川口市北部の資材置き場周辺を訪れた。狭い道を廃材を目いっぱい積んだトラックが頻繁に行き交っていたため、す

7 クルド人が経営する解体業者の資材置き場
（撮影：著者）

ぐに資材置き場の場所は分かった。アポなしだったため、会社事務所を訪れてもクルド人社長は不在だった。代わって応対したアジア系の女性は、名刺を差し出す筆者を不信そうに眺め、「何の取材ですか」と聞いてきたので、簡単に説明して社長に名刺を渡すよう頼んで引き揚げた。事務所前には高級外車が停車してあった。

　積み荷を満載したトラックが資材置き場に入っていったので、後を追って運転手のクルド人男性に話しかけた。二十代とみえる男性は片言の英語は話せたが、日本語はまったく話せなかった。資材置き場を撮影しながら何とか話を聞き出そうとしていたその時、仲間のクルド人男性が資材置き場の中らすっ飛んできて、筆者を睨みつけながら何かを懸命に言って、筆者のスマホを取り上げようとした。察するに、「なんで勝手に撮影しているんだ」と言っているのだろう。

　触法クルド人らは、ナイフを不法所持しているケースがあると聞いている。身の危険を感じつつも筆者のスマホを触るなと日本語で言い、その男性にも名刺を渡して社長に渡すよう依頼してその場を離れた。資材置き場の近くには、その直前に昼ごはんを食べたJR西川口駅前のケバブ店の営業車両が駐車してあった。店のユニフォームを着たクルド人が三人いたので手を振ると、こちらのクルド人はニコニコと笑顔で手を振り返してきた。

奥富市議にインタビューし、資材置き場を訪れた二日前の八月十九日、芝園団地の盆踊り大会を取材した後、まだ日も沈んでいなかったので、京浜東北線でひと駅、東京寄りのＪＲ西川口駅で降り、周辺を歩いてみた。街の雰囲気を知りたいと思ったからだ。

中国の東北地方の田舎料理として知られる鉄鍋料理を出す「ガチ中華料理屋」が散見され、日本とは思えないディープ感満載のエリアとなっていた。それだけではない。駅前の狭いエリアにもかかわらず、中東系の男性と何人かすれ違った。クルド人同士の刃傷沙汰が起きたばかりだったせいか、埼玉県警のパトカーが警ら活動をしているほか、制服を来た二人組の警官が周囲を徒歩でパトロールしていた。ただならぬ雰囲気だった。

ここを訪れた目的は、他にもあった。知り合いの「トルコ人」サミフ（仮名）に会うためだ。彼の事務所をアポなしで訪れたが、彼はいた。コロナ禍で四年以上も会っていなかったので、自然とハグして久しぶりの再会を祝った。さっそくクルド人の問題を聞いてみた。サミフはトルコ人だと聞いていた。ＳＮＳを見ると、出身地はクルド人の多いトルコの都市だったので、もしかしたらトルコ国籍のクルド人のような気がしていた。念のためどちらなのかを確認するため二～三度聞いたが、彼はトルコ人であって、クルド人ではないと言い張った。ならば、トルコ人という前提で話を聞こう。少なくとも日本人よりかは事情に詳しいはずだからだ。

七月初めのクルド人同士による殺人未遂事件のこと、解体業にクルド人が多いことなどをそれとなく聞いてみた。

サミフは流暢な日本語で、「住民に迷惑をかけちゃだめだよね。ナイフ持っている人多いから気を付けないと」と語り、「解体に従事しているクルド人？　みな金持ちだよ。だから、車を改造したり、乗り回したりしているんだよ。給料だけじゃないのよ。解体していると、空き家からいろんな金目のものが出てくるから。この前なんか、解体中の空き家から金の延べ棒が七十キロも出てきて、見つけた人は、日本とトルコに大きな一軒家を建てたよ」と話す。届け出ずに、それもいかがなものかと思ったものだ。クルド人ではないと言い張るサミフだが、そこは同国人。細かな情報はやたらとたくさん持っていた。

仲間が続々とやってきたので長居せず、サミフとは再会を約束してその場を辞した。

親日国で知られるトルコと長い歴史の中で敵対してきたクルド民族の問題が日本国内に持ち込まれている現状を軽くみてはいけない。国際都市・川口市が抱える問題は、日本国中どこでも起こり得るし、それは外交問題化する危険をはらむ。

それどころか、日本を潜在敵国とみる中国のような国が、日本政府が大幅に緩和した就労ビザを利用して移民を大量に送り込んできたら、日本の存立そのものが危うくなる。

国会は与野党とも、将来の日本の国をかたちづくる移民や在留外国人の問題を正面から議論し、政府は自治体に問題を丸投げせずに、行政の責任でしっかりこの問題に取り組んでもらいたい。

■四国の空き家で中国人が「無断生活」

触法クルド人による空き家を狙った侵入事件はさきに述べた通りだ。ここで紹介するのは、四国某県の大手製造業の城下町における中国人による空き家侵入事案である。この書を執筆中、空き家となっていた四国にある知人の実家に、中国人とみられる外国人が無断で侵入していたことが分かった。

庭の池に飼っていた約三十匹の錦鯉まで盗まれていたという。錦鯉は正規のルートで販売できようはずもなく、「食用にされた可能性がある」（知人）という。

二〇二三年夏、何も知らなかった東京都内在住の知人男性は、実家近くの警察署からの電話で呼び出され、「空き家となっている実家に不審者が侵入しているようだから、家の管理をしっかりしてほしい」と忠告を受けたというのだ。知人からは、「書いてもいいが、県警との関係もあるため、県・市町村の特定は避けてほしい」と頼まれた。

知人によると、瀬戸内海に面する実家のある街はかつて、財閥系の鉱山労働者で活況を呈し、下請け工場などで今も外国人労働者らが多数働いているという。実家の広さは約百五十坪（約四百九十五平方メートル）。写真を見せてもらったが、庭は垣根に覆われているものの、庭の入口は扉が開けっ放し。だれでも不自由なく敷地内に侵入できる状態だ。

二〇一七年に高齢の実母が施設に入り、それ以降、空き家になっていたという。二〇一九年春、海外勤務を終えて帰国した夜、家族と夕飯を終えて実家に立ち寄ったときのことだ。締めてあった雨戸から光が漏れていたため、不審に思っていた矢先、子供が「家の中からテレビの音が聞こえる！」と声を出したという。確かに聞こえたといい、すぐに一一〇番通報し、警官が駆け付けたが、逃げたのだろう。だれもいなかった。ただ、家の中は土足で上がった靴跡が残っていたほか、ソファで寝転がった跡があるなど、生活臭が残っていた。タンスの中は荒らされ、部屋にあった母親所有の指輪や着物はすべてなくなっていたという。

知人によると、近所に中国人労働者の寮があるせいか、昼間に何かを物色するように周辺を歩き回っているとかで、市からも空き家を放置しないよう指導を受けたという。まさに市や警察の指摘通りだ。ただ、兄弟がいて財産分与のための処分に手間がかかり、なかなか身動きが取れない状態なのだという。

国土交通省は、犯罪の温床になる空き家対策を進め、二〇二三年に「改正空家対策特別措置法案」を提出し、六月に成立した。今みてきたような事案を減らすための措置だ。高齢化や過疎化が進む地方だけでなく、東京のベッドタウンでもある川口市においても、空き家荒らしは横行している。法律を整備しただけでは限界はある。空き家の近くの住民と行政が連携して減らす努力が求められる。

■岐路に立つ入管行政

移民は母国に帰らない。状況が許せば、必ず定着しようとする。夫なら妻を呼び、妻ならば夫を呼ぶ。子どもを呼び、新たな子どもを日本で産む。経済的余裕があれば、母国の両親も呼ぶだろう。埼玉県川口市の芝園団地では、日中団地内の公園で孫を遊ばせていたのは高齢の中国人老夫婦だった。クルド人二世も増えており、就学しない子供も少なくなく問題となっている。

外国人の収容・送還に関するルールを見直す改正入管難民法が二〇二三年六月九日に成立した。難民認定申請中は一律に送還を停止するとしていた従来規定の見直しなど、「保護すべきを保護し、送還すべきは送還する」（斎藤健法相＝当時）という仕組みを整えたのが最大の特徴だ。不法残留する外国人を強制退去させることが難しく、入管施設での収容が長期化している現状を改める措置だ。

改正法では、これまで何回目の難民申請でも認められてきた申請中の送還停止を二回目までに限定した。三回目以降は「相当な理由を示す資料」がある場合を除き、送還停止の対象外とした。明らかに難民ではない外国人が「送還逃れ」で申請するケースが相次いでいるとの批判を受けたものだ。難民申請の回数に制限を設けるのは、殺人などの重大犯罪者であっても申請中は国外退去させることができないからだ。難民を偽装して申請を乱発することができないようルールを是正するのは当然だ。

収容の長期化を避けるため、本人の生活状況を報告する監理人を付けた上で施設外で処遇する監理措置制度も新設する。監理人は対象者の親戚などが想定される。

難民以外の外国人の保護も制度化した。条約上の難民でなくても、それに準ずるような迫害などのおそれが認められれば、「補完的保護対象者」として、日本での就労を可能とした。ウクライナ避難民らを想定したものである。たとえ、難民認定されなくても人道上の理由で滞在を認める「在留特別許可」の仕組みも変更した。難民認定を申請した際、法相の裁量で例外的に認められてきたが、改正法では在留特別許可自体の申請手続きを新設し、不要な難民認定申請をなくす狙いもある。

強制退去が決まった外国人を本国に返す仕組みも強化された。退去しない場合、一年以下の懲役か二十万円以下の罰金を科すことを明記した。自発的な出国を促すため自費で出国した場合、その後の日本への上陸拒否期間を五年から一年に短縮する制度も設けた。

不法残留者であっても人権に配慮すべきであるのは当然だが、その一部が治安を脅かしている現実から目をそらすべきではない。厳正な出入国管理は、国家の責務であることは論を待たない。

出入国在留管理庁によると、退去強制となる理由は、不法滞在（二〇二三年二月現在、約五万八千人）、不法就労、重大犯罪で有罪となったケースなど。退去強制に応じたり、自発的に帰国したケースがほとんどだが、送還忌避者は二〇二一年十二月末現在、計三千二百二十四人上る。このうち、前科を有する者は千百三十三人で三分の一強を占める。

国籍別の内訳は、トルコ四百二十六人、次いで、イラン三百三十人、スリランカ三百十一人などとなっている。トルコ籍の大半はクルド人とみられる。

送還忌避者三千二百二十四人のうち、病気等のために一時的に収容を解く「仮放免」は二千五百四十六人もおり、これとは別に、仮放免中に逃亡した者は五百九十九人。前年の四百十五人から約五割近く増えている。

仮放免者の逃亡事案には、不法入国後に覚醒剤取締法違反などで実刑判決を受け、刑務所を出所後の入管施設収容中に難民認定申請をし、その後、仮放免許可が出たケースなど枚挙にいとまがない。

難民認定を申請中であれば、強制送還されないで済むことから、どこからどうみても難民に該当しないような刑法犯までが、難民申請を繰り返してきた。それを二回までしか認めないとする改正入管法が二〇二三年六月に成立したのは半歩前進だ。二〇一〇年に千二百二件だった難民認定申請数が二〇一七年には十六倍の一万九千六百二十九件にまで膨れ上がっていた。刑法犯らによる難民申請の濫用である。

背後に、人権団体と連携した弁護士や行政書士など法律の専門家がいることはあまり知られていない。社会規範を守るための法律を生業とする人々である。ほとんどがまじめな法律家であるのは言うまでもない。だが、中には、「送還忌避者に入れ知恵して、難民申請を繰り返させてきた悪徳業者もいる」（法務省関係者）という。

筆者が独自に入手した手元の法務省関連資料によると、仮放免の際に身元保証人となった一部の弁護士は、多数の逃亡者を発生させていたことが分かっている。

改正入管法のポイント　令和5(2023)年6月9日成立

	改正前	改正後
難民認定申請	難民認定の申請中は一律に送還を停止	3回目以降の難民申請者の送還を可能に 3回目以降の申請には「相当な理由」が必要
補完的保護	難民と認定されなければ、在留特別許可の可否を判断	紛争から逃れた人を難民に準じて保護
罰則の強化	国外退去に従わない場合の罰則規定なし	送還拒否に罰則
監理措置	非正規滞在者は原則として入管施設に収容	収容の代わりに入管が認めた監理人のもとで生活 被収容者も3か月ごとに見直し

改正入管法をめぐる経緯　法案可決〜成立まで

2021年　2月	入管法改正案　国会提出
3月	名古屋入管でスリランカ人のウィシュマさんが死亡。医療体制の不備が問題化
5月	法案採決見送り
10月	衆院解散により廃案に
2022年	改正案の再提出を見送り
2023年　3月	改正案を再提出
6月9日	参院本会議で法案可決・成立

実名は伏せるが、ある弁護士が保証人となった仮放免者は約二百八十人中、約八十人が逃亡した。別の弁護士にいたっては、五十人中二十人が逃亡していた（二〇一四年一月から二〇二一年三月末の間）。一時的に収容を解除する改正前の仮放免制度は、これら悪徳弁護士のように、身元保証人が法的義務を負わないなど逃亡防止が不十分だ。このため新制度は、本人と監理人に届け出義務を課すこととした。

改正入管法を成立させる必要があった理由の一つに、長期収容の是正があった。収容者にかかる医療費は一人ひと月当たり、約二万四千円。食糧費は全体で三億円かかり、ある大規模の収容施設では、食習慣や宗教上の理由などから、約九十人の収容者に対して五十種類を超える特別食を提供している。送還費用も馬鹿にならない。コロナ禍で送還者が大幅減少した二〇二〇年を除き、一億円から二億円台で推移している。

■移民解禁で永住に道

不法残留者を強制送還させる改正入管法の施行は当然であるが、一方で、同じ入管法でもこちらの運用は問題が多すぎる。

政府は二〇二三年六月、熟練外国人労働者として永住可能な在留資格「特定技能二号」の対象業種を、これまでの二分野から十一分野に拡大することを決めた。そもそも特定技能とは、人手不足が深刻化する業界の問題を解決するため、日本政府が二〇一九年四月に施行された外国人労働者の受入れが目的の制度だ。今までの特定技能二号の対象分野は建設分野と造船・舶用工業分野のみだったが、新たに九分野が追加された。

今回の措置は、外国人労働者に対し、幅広い分野で永住への道を開くことになり、国の在り方に関わる重大な問題が生じる決定ともいえる。専門性や技能を厳格に見極め、なし崩し的に受け入れを進めることがないように運用しなければならない。

特定技能制度の「一号」の在留期間が五年であるのに対し、熟練した技能が必要な「二号」は、在留期間の更新回数に上限がなく、家族の帯同が認められている。従来二号は建設、造船・舶用工業に限っていたが、経済界の要望を受け、すでに一号の対象となっている農業、漁業、宿泊など九分野を加えた。世界的に人材の獲得競争が激しさを増す中、安い賃金や円安などの影響で、外国人労働者の「日本離れ」が指摘されており、人材確保のための窮余の措置だ。

ただ、特定技能制度を導入した時点で、二号の拡大は織り込み済みだったし、永住者を増やす政府の方針は明らかだった。制度創設時に一号となった外国人労働者は順次、五年の在留期限を迎える。一号の資格で来日している約十五万人の相当数が、実務経験や試験を経て二号に移行することが予想される。

外国人労働者を受け入れるというのは、単に労働力を受け入れるというだけでなく、地域社会でともに暮らしていく仲間を迎え入れるということだ。国会審議では技能実習生への人権侵害が次々に明らかになった。低賃金や違法残業、賃金未払いに加え、暴行も発覚した。政府や自治体、企業は、外国人が安定した生活を営めるよう、子供の学校教育や配偶者への日本語教育などを支援する態勢の整備を急ぐべきである。

疑問なのは、人手確保の順番だ。国内には働く意欲があるのに機会を得られない女性や高齢者がいる。非正規雇用に苦しむ若い世代も少なくない。なぜ日本人の処遇や労働環境改善を優先しないのか。中小企業が求める低賃金で働く外国人ばかりではなく、高賃金で日本人を雇用するのが先決ではないか。牛や馬ではあるまいし、外国人労働者に対しても失礼である。外国人労働者の受け入れで、一時的な人手不足が解消するとしても、日本人を含む労働者の賃金水準が押さえ込まれてしまうことへの目配りがなさすぎる。

■移民推進「亡国」政策の呪縛

いい加減、腐って異臭を放つ自民党提言の呪縛を解かねばならない。岸田文雄首相も自らの発言を聞くと、この提言の亡霊に憑りつかれているように思えてならないからだ。

人口が減少傾向に入った二〇〇八年一月、福田康夫首相の施政方針演説を受け、その年の七月に文科省が策定したのが、政府の「留学生三十万人計画」だ。これに先立ち、自民党は同年の六月に「人材開国！日本型移民政策の提言～世界の若者が移住したいと憧れる国の構築に向けて」の中間とりまとめを発表した。驚くことに、一千万人の移民を受け入れる覚悟を国民に求めているのだ。

自民党の中川秀直元幹事長が中心となった党国家戦略本部「日本型移民国家への道」プロジェクトチームがまとめたもので、主なメンバーは森喜朗、町村信孝、杉浦正健などの諸氏だ。外国人を労働力として何が何でも迎え入れたいという目的がまずあった。

自民党提言では、在留資格制度の改正案として、「留学」と「就学」の在留資格を「留学」に一本化する案など、実際に制度化された実用的なものもある。しかし、その内容はまさに画餅であり、仮に進むべき道を間違えて実現されてしまったら、日本の衰退は確実に訪れる亡国の内容となっていた。

政府の留学生計画や最近の改正入管法と違うのは、政府が「移民政策ではない」としているのに対し、自民党がはっきりと「移民政策の実現」をうたっている点だ。政府の方針は今でも変わらないが、これは国民の目を欺く目眩ましというほかない。

移民問題に終わりはないのである。日本に来た移民はいずれ高齢化する。二〇〇一年に国連が発表した移民に関する研究は、移民は人口減少の緩和には役立つが、人口の高齢化を相殺し、高齢になった移民も含めた扶養率を維持するにはあり得ないほど大量の移民が必要で、非現実的だと結論づけている（イスラム思想研究者の飯山陽氏）。

もし、移民国家を宣言するようなことになれば、政府としての受け入れ体制が整っていないだけでなく、国の根本的なあり方として国民のコンセンサスが得られておらず、大きな反発を免れないとの判断がある。

安倍晋三首相は二〇一八年十月二十九日の衆院本会議での代表質問で、外国人労働者の受け入れ拡大に向けた入管難民法改正案に関し、「深刻な人手不足に対応するため、真に必要な業種に限り、一定の専門性技能を有し即戦力となる外国人材を期限を付して、わが国に受け入れようとするものであり、移民政策ではない」と明言している。

さて、自民党提言をみてみよう。十五年前の提言だが、政府がこの自民党提言の内容に沿う形で改正入管法を成立させ、外国人労働者をバンバン入れていたり、留学生三十万人計画目標を達成しているのをみれば、かなりの確度でこの提言が活かされているとみて間違いなかろう。

まず、政策理念として「移民立国で日本の活性化を図る」としている。理由に、「日本が世界のどの国も経験したことのない高齢化社会の道を歩み始めた」ことを挙げ、そこで「多民族共生社会を作るという日本人の覚悟が求められる」などと他人事のように言っている。ただ、日本型移民政策として、人材を海外から獲るのではなく、育てる姿勢を基本とする——としている。

筆者は移民政策には基本的に慎重だ。特に中国人は「自分たちが住んだところが中国であり、共同体をつくった土地が中国という発想」（知人の中国系帰化日本人）だ。日本文化に溶け込まないし、溶け込もうとしない人が多いという。多民族というより、他民族であり、多文化共生ではなく、他文化強制社会を志向する人々なのだ。それは埼玉・芝園団地や千葉市美浜区のチャイナ団地を取材していて痛感したことである。どれだけの日本人住民が騒音やロビーでの非常識な排尿や排便、恫喝まがいの言辞で迷惑をかけられ、苦しんでいるかを多くの国民は知らないでいる。生まれたころから反日教育を刷り込まれ、ひとたび日中関係がこじれれば、「反日無罪」の官製デモで在中国の日系商店や日本商品を破壊する人々である。きれいごとでは済まされないことをはっきり指摘しておきたい。

ただ、「育てる姿勢」には共感する。移住してきた中国人の中には、マイナンバーカードや在留証明書の偽造など違法行為に手を染める犯罪者がいる一方、善良な中国人もいる。中には日本の伝統、文化、歴史といったものを尊重する中国人も出てくるかもしれない。そういう人々を十把一絡げに排斥しようとしたり、差別しようとしたりすることには反対だ。むしろ積極的に交流を図り、在日中国人として、あるいは中国系帰化日本人として、元から住む日本人と仲良く平穏に暮らす環境を整えていくことが大事だからだ。可能なら、中国政府が「有事」と判断したときに発令され、人も金もモノもすべて召し上げられる国防動員法には従わず、堂々と日本の側に立つ在日中国人や中国系帰化日本人を育てていくことが肝要なのである。

自民党提言は十五年前のものだが、今でもその発想は生きていると見た方がよい。岸田文雄首相の発言をみれば明らかだ。

岸田文雄首相は二〇二三年七月二十二日に開かれた民間有識者による政策提言組織「令和国民会議（令和臨調）」の発足一周年大会で、人口減少への対処として、「外国人と共生する社会を考えていかなければならない」と発言した。

さらに首相は、「アラブ首長国連邦は人口一千万人だが、自分の国の国民は百万人しかいない。九百万人の外国人と共生している。カタールは人口三百万人、自分の国の人口は三十万人しかいない」とアラブ諸国の例を挙げていた。直前に中東を歴訪していたから感化されたのだろう。あまり安直な発想だ。もちろん、「日本らしい共生社会」という限定をつけていたが、中東のケースは将来の日本のモデルケースになりようがない。

とりわけカタールは、サッカーワールドカップの招致が決定した二〇一〇年以降、スタジアム建設や地下鉄の建設などのために、アジアやアフリカからの外国人労働者が大量に呼び込み、過酷な環境における重度の労働で労働者が大量に死亡したことも大きな問題となったことは記憶に新しい。

令和臨調の質問者が引用していた厚生労働省に所属する「国立社会保障・人口研究所」の推計によると、外国人の人口比率は二〇二〇年で二・二パーセントだが、三〇年に三・五パーセント、四〇年に五・二パーセント、五〇年に七・〇パーセント、六〇年に八・八パーセント、七〇年には十・八パーセントまで上がる。これは全国平均値なので、都市によってはかなりの数字になる。実際、今でも川口市の触法クルド人のケースを紹介した通り、全国各地で外国人との摩擦が起きている。

G7の移民人口比率（二〇二〇年）をみると、カナダ約二十一パーセント、ドイツ約十九パーセント、米国が約十五パーセント、英国約十四パーセント、フランス約十三パーセント、イタリアが約十パーセントと日本の二・二パーセントより高い。日本ではまだ、これらの国で起きている移民問題は国を揺るがす社会的な大問題になっていないが、近未来の悪い例が欧州にある。

最近では、自民党の松川るい衆院議員らが党女性局としてパリを視察した際、エッフェル塔を背景に、両手を上に挙げて手を合わせる「ニョキニョキ」スタイルで、観光まがいの写真をネットに掲載して大炎上した。視察すべきは、直前に起きた移民の暴動でありエッフェル塔下で野宿する移民らの実態でなければならなかった。

自民党の提言に戻る。今、移民政策をとって大変なことになっている欧州を真似する必要はないと指摘したばかりだが、こんなことが打ち出されていたのだ。

「人口の十パーセントを移民にする」

「留学生百万人構想」

「永住許可要件の大幅緩和」

「小中学校で多民族共生教育の実施」

そこにあるのは、人口減をただ数合わせで埋めようというもので、この国を滅亡させたいのか——と思わせる内容となっている。

この二百年間で少なくとも五十以上の国家と地域が世界地図から消えた。戦争に負けて為政者が処刑されたり、投獄されたから消滅した国や地域ばかりではない。自らの保身や出世のため、国境の向こう側にいる人々と内通し、手引きする「内なる敵」が確実に存在していたのである。自民党の提言が必ずしもそうだとは言わないが、結果として異質なものを招き入れて国を傾かせる事態となるのであれば、無責任の誹りは免れない。その時は政界を引退しているから、「自分の知ったことではない」などと頬かむりを決め込んでいるのだとしたら、許し難い。

もちろん、政治的な難民や日本が好きだという優秀な人材の受け入れに何でもかんでも反対するものではない。中国人を含めて。しかし、自民党提言はきれいごとばかりで、実際に現場で外国人労働者や留学生を受け入れている人々に対しても、無責任はなはだしい内容と言ってもいい。

名古屋大学国際開発研究科講師（当時）の浅川晃広氏は「日本の人口危機の解決には移民の受け入れ以外にないと決めつけ、その他の選択肢を最初から排除している。日本の問題は人口減少よりも、生産年齢人口の減少である。生産活動に従事する人を増やすことが大事で、この視点に立てば、直ちにいくつかの策が思い浮かぶ」という（二〇〇八年九月四日号「週刊新潮」日本ルネッサンス）。

具体策としてまず、出生数を上げることや機械化や自動化を進めて生産性を向上させることに加えて、これまで生産活動に従事してこなかった「高齢者、女性、障害者」の能力活用が大事だ、としている。世界一の高齢国家である日本で、気力も体力も充実し、経験や知識を蓄えている「常識ある大人」たちが六十歳や六十五歳で定年退職してしまうのは社会の損失だとしている。

実際、原子力関連技術や家電メーカーの技術者など、日本での再雇用がままならないために経験と知識、技術を見込まれて中国や韓国などで厚遇されている人々もいるが、それをけしからんと言えるだろうか。どこに再就職するかは個人の自由であり、こうした事態に歯止めをかけられないのは、社会であり国家の問題なのである。

女性も同様で、結婚や出産後に再度職場に戻り易い制度改革、被扶養者の百三万円の枠を取り払って、それ以上の仕事をし、本格的な社会参加を奨励する税制改革も必要なのだ。二〇一九年七月の参院選で、れいわ新撰組から二人の議員が誕生した。舩後靖彦、木村英子両氏だ。舩後氏は難病のＡＬＳ（筋萎縮性側索硬化症）患者で、木村氏は手足がほとんど動かない脳性まひの障害を持つ。

介護のあり方について、さまざまな議論が噴出しているが、重度障害者であっても働く場があるのだということを示すことができた点は、将来の日本の職場環境を考える上で一石を投じたのは間違いなかろう。

ジャーナリストの櫻井よしこ氏は、自民党提言について、「浅川氏が指摘する通り、そもそも問題設定が間違えている。間違った問題設定からは間違った策しか生まれない」と指摘している。提言は五十年後に人口の十パーセント、一千万人を移民で占めるよう、この国を誘導するといっているが、数字の根拠が示されていないと批判する。

法務省によると、二〇二二年末現在の在留外国人の数は、三〇七万五千二百十三人。前年比で三十一万人、約十パーセント増加した。最も多いのが中国人で約七十六万人、次いでベトナム約四十九万人、韓国約四十一万人、フィリピン約三十万人となっている。中国人が全体の四分の一を占める。

仮に自民党の提言通り、人口の十パーセント、一千万人近くを移民にしてしまえば、必然的に最大勢力の中国人が四分の一から三分の一、つまり、日本の人口が一億人だとすると、移民が一千万人、このうち、中国人は二百五十万から三百万人になることを意味する。

これら外国人材が日本にもたらすメリットも大きいが、問題も生じている。その最大の要因が「日本語能力の低さ」（浅川氏）という。これが原因で定職につけず、単純労働に従事するケースが多くなる。経済的に恵まれず、子どもの教育もおろそかになる。福祉への依存を強め、最後は社会に溶け込めずに犯罪に走るケースも少なくない。川口市の触法クルド人らがそうだ。

数世代にわたって日本に住み、日本語を母国語とする朝鮮半島出身者や台湾人らは別として、二百八十万人にはろくに日本語教育を施せないでいるのが現状だ。この問題に対する処方箋を示さないまま、賃金の安い外国人労働者を入れて中小企業の人手不足の穴埋めに使おうという発想が、かつての自民党提言であり、それを岸田首相が踏襲しているのが実態なのだ。

浅川氏は、「然るべき受け入れ態勢がない中で、十分な日本語能力のない人たちを大量に入れれば、それは即、低賃金労働者の増加、社会問題の発生につながる。少子高齢化は先進国共通で日本だけの問題ではない。日本が必要とする若い労働力は他国も必要としている。中国を含めてアジアでも若年層は無尽蔵ではない。台湾ではベトナム人花嫁が増えている。韓国でも外国人の受け入れ方針を打ち出している」と指摘する。

人口減や年金制度の維持に危機感を持つドイツは政府主導で、一定期間以上ドイツに在住する外国人には、ドイツ語や歴史、文化などの学習を義務づけている。これに対し、わが国は、具体的なメニューは何も決まっていない。口先で「日本語教育を施す」と言うだけで、具体策は雇用する企業任せというお気楽ぶりだ。政府主導で外国人受け入れを進める覚悟がなければ、韓国などの隣国に外国人材が流れるのは当たり前だ。

つまり、どんなに詐欺まがいの悪質ブローカーが暗躍しようが、呼べば必ず外国人労働者、そして潜在的な外国人労働者である留学生らが日本に来てくれるとは限らない。外国人労働者を当てにして、それを前提に経済活動を進めようとすれば、彼らが来なくなったときどうするのか。従来のビジネスモデルが破綻するのは火を見るより明らかだ。

■移民受け入れは民主的でも人道的でもない

かねて違和感を感じているのが、この国を覆っているステレオタイプの風潮だ。

移民受け入れに理解を示す者は人道的であり、リベラルである一方、移民受け入れに反対する者は排外主義者だとか、差別主義者だとみなすムードがあることだ。ここでいうリベラルとは、自由と民主主義を尊ぶ行動様式の持ち主とする。最近はこうした趣旨を逸脱し、左翼的、全体主義的な思考傾向にある人や組織が自称し、リベラルが持つ本来の意味が歪められて使用されているように思えてならないのは残念だ。

本当に、移民受け入れに理解を示す者が人道的であり、リベラルなのだろうか。反対する者は排外主義者なのだろうか。

否、偏見である。考えてもみてほしい。例えば、客人を自宅に招くとする。土足で家に上がるのを許すのか。冷蔵庫を勝手に開けて中の食べ物を食べるのを許すのか。家のルールを守ってもらうのは当たり前のことだ。あるいは、すぐにお引き取り願うか、二度と呼ばないのではないか。

移民問題はこれとまったく同様だ。日本に来て日本のルールが守れず、違法行為や触法行為に及ぶ外国人に対しては、法に基づいて厳しく対処し、悪質な者を母国に強制送還するのは主権国家として当然のことである。

悪い人々ばかりではない。善良な移民であっても、日本の文化や生活慣習に溶け込もうとしない人々が出てきたとしたら、彼らとどうやって平穏に暮らしていけばよいというのか。最近目立つのは、移民に理解を示そうとするあまり、受け入れる日本人の側に、「あれをしろ、これをしろ」と教育や福祉面での充実を要求し、移民らの慣習に合わせる努力を強いられるケースである。治安維持も含めて財政的にも人員的にも、これらの責任を負うのは、地方自治体である。大分県日出町のムスリムによる土葬問題や川口市のクルド人問題も本書で述べてきた通りである。

特に中国系移民は、移住先で出身地や宗族単位で強い絆で結ばれた共同体をつくる。自分たちが住んだ場所が「中国である」とばかりに受け入れ国の慣習に関心を持たず、聞く耳を持とうとしない例もある。横浜橋商店街で中国系住民が住宅街のど真ん中で、平気でニワトリをさばいたりして、周辺住民を驚かせたりしている。自分の店だけが儲かれば良いとばかりに、商店街での通行が不自由になるほど商品を通りに並べる。注意しても日本語が分からないふりをする。

そんな人たちに共感し、ともに仲良く暮らそうと心底思える日本人はどれだけいるだろうか。

筆者は移民国家、米国で七年ほど暮らした。そこで見たものは、祖先や自分のルーツは多様でも、米国の土を踏んだ以上、米国民として生きるために英語を学び、星条旗に忠誠を誓い、合衆国修正憲法を頭に叩き込む同一化政策である。

移民受け入れに必要なのは、多文化主義ではなく、同化主義なのだという。多文化主義とは、聞こえは良いが、その実、隔離政策だというのは、フランスの歴史人口学者であるエマニュエル・トッド氏だ（週刊文春二〇一九年六月号）。

英国やドイツは移民に隔離か同化かどちらを選ぶか主体的に選ばせたが、結局うまくいかなかった。これに対し、フランスがとった移民政策は同化主義だったのである。そういえば、サッカーの元フランス代表、ジダン選手もアルジェリア出身のベルベル人の子である。「北アフリカの星」としてフランスにおける移民統合の象徴的な存在となった。世論調査によると、大部分のフランス人は、外部から来た人はフランス人になるべきだと考えている。ただ、同化を急いではいけないとも語る。教条的で高圧的、不寛容になれば移民やその子どもの気持ちを傷つけ、国家の分断を招いてしまうからなのだという。急いだ結果が背景にあるのかどうかは分からない。だが、二〇二三年六月以降、フランスで警官による少年射殺事件をきっかけに暴動が続いたことは記憶に新しい。

トッド氏は「必要なのは『多文化主義』ではなく、『同化主義』であるとし、日本人になりたい外国人は受け入れよ」と説く。国籍で入管の蛇口を絞るべきだというのが筆者の持論で、それが誤解され、絶えず排外論者とのレッテルを貼られる危険と隣り合わせなのだが、要はトッド氏の言う通りである。裏を返せば日本は、自国文化を押しつけ、日本人になりたくないという中国人がいたとしたら、そんな人物を受け入れてはならないと言っている。

そうではなく、互いの文化や生活習慣を尊重し、仮に日中関係が悪化し、破壊工作を指示する国防動員法が発動されてもそれに従わないような中国人なら、筆者は大歓迎なのである。つまり、移民を頭から否定するものではないが、無制限に受け入れるのは無責任であり反対だと言っているのである。ただ、移民の流入を成り行きに任せてはいけないとも考える。流入の道筋が勝手に出来上がり、中国出身者の数が突出するからだ。

ここでは、大量の移民を受け入れて多文化共生を目指すなどというのは、机上の空論であって、非現実的であることを、識者の分析を紹介しながら論考していきたい。念のため確認しておくが、「移民」とは、経済的利益を求めて移住する「経済的移民」を指し、政治的迫害を恐れて故国を離れる「難民」とは異なる意味で使用する。

九州総局時代に知己を得て、現在、産経新聞「正論」欄の執筆メンバーでもある九州大学の施光恒教授は、大規模な移民受け入れに反対の立場から、二〇二三年八月三十日の筆者の電話取材と、産経新聞「正論」(二〇二三年五月十八日付電子版)で以下のように語っている。

まず、賛否の議論そのものよりも、建設的な議論のたたき台として、移民の積極的な受け入れこそが「リベラル(自由民主主義にかなっている)」とか、「人道的である」という世の中の風潮に疑義を呈したいとし、現在の日本社会では「自由民主主義国は、移民を積極的に受け入れるものだ」というイメージが強い。近年の欧米の政治理論では、自由民主主義の観点からであっても、必ずしも移民の大規模受け入れが肯定されているとは言い難いと、施氏はそう指摘する。

なぜなら、自由民主主義の政治が円滑に行われるためには、「国民の間の連帯意識（仲間意識）」や「社会や国への愛着」が必要だからであるとする。自由民主主義とは、「平等」「民主主義」「自由」といった価値を重視する政治的立場である。

施氏は言う。例えば、「平等」という価値だが、「国民の間の連帯意識」がないと実現できない。現代社会で平等を目指すには福祉政策が不可欠だが、これは、ありていに言えば、よく稼ぐ人から、あまり稼がない人への再分配である。福祉政策がうまく機能するには、社会に、互いに助け合うのは当然だという連帯意識が必要である。強制的に再分配を行う専制国家では連帯意識などなくてもよいが、民主国家では連帯意識が国民の間にないと福祉システムは成り立たなくなる。「民主主義」でも同様に、連帯意識が重要だという。民主主義では、多数派が意見を異にする少数派の声に耳を傾けることが必要だが、これも多数派の側に「少数派であっても同じ我々の仲間だ」という意識がないとうまくいかない。また、少々見解が異なるとしても、皆の声を聴いて自分たちの社会や国をともに支えていくという社会や国に対する愛着の念がないと、民主主義は長続きしない。移民の大規模かつ急激な受け入れは、自由民主主義の政治が成り立つ条件である国民の間の連帯意識や、社会や国に対する愛着の念を壊してしまう恐れがある。

つまり、自由民主主義は、移民の大規模受け入れには、むしろ慎重なのである。自由民主主義体制下では、受け入れる側と移民との間に強固な信頼関係がなければ、社会福祉も成り立たない

大量移民をめぐる問題点

移民受け入れに必要なのは、多文化主義ではなく、同化主義

日本人として骨を埋める覚悟のある移民は歓迎すべき

無制限な移民受け入れには反対

大量の移民を受け入れ多文化共生を目指すというのは、机上の空論

出稼ぎ目的の経済的移民と政治的迫害を恐れて来日する政治難民を区別すべき

近年の欧米の政治理論では、自由、民主主義的観点から、移民の大量受け入れは必ずしも肯定されてはいない(施光恒・九大教授)

2019年の改正入管法は、日本の「移民国家宣言」(評論家、西尾幹二氏)である

1993年に導入した「技能実習制度」は、まやかし。
日本で開発され培われた技能、技術又は知識の開発途上地 域等への移転を図り、その開発途上地域等の経済発展を担う「人づくり」に協力することを目的とする ——
という本来の趣旨とは違い、実態は、人手不足を補うための低賃金労働者の確保だった

一般に移民問題はタブーに覆われ、ものが言えなくなるのが一番厄介な点で、日本のマスメディアの独特な「沈黙」は始まっている

し、意見の違いを乗り越えて共存することも難しいといっている。

人道的な面からはどうなのか。

「豊かな先進国が豊かさを独占し、貧しい途上国の人々に自国の労働市場を開放しないのはおかしい。先進国は途上国からの経済的移民を積極的に受け入れるべきだ。そのほうが人道的だ」

施氏はこうした議論も耳にするが、「この議論が正しいとは思わない」と断言する。理由は「貧しい国の人々が自国を離れ、先進国の人々が就こうとしない配膳や肉体労働といった仕事に従事するというのは、貧しい国の人々が本当に望んでいることではない」からであり、「大半の人々が真に望むのは、自分の国で、自国の文化や言語を受け継ぎ、家族や仲間とともに働き、多様な人生の機会や豊かさを享受できる暮らしのはずである。こうした暮らしを可能にす

るのは、安定した自国の建設である」からだと主張する。

また、近年、日本を含む先進国は途上国から、低賃金労働者のみならず「高度人材」と称する優秀な人々も引き抜こうとする。しかし、途上国から優秀な人材が流出してしまえば、彼らの国づくりは頓挫してしまう可能性が大きい。人道的見地からすれば、先進国が優先的になすべきは、移民や外国人労働者の大規模受け入れよりも、やはり国際援助、つまり国づくりの援助だとも指摘する。

つまり、「移民の受け入れこそリベラルであり、人道的だ」という聞こえのよい言葉に流されてはならないとし、日本を含む先進国は、途上国から先進国への大規模な人材の移動が生じるような国際経済秩序を改める必要があるとしている。

さらに、途上国であれ先進国であれ、できる限り多くの人々が自分の国で自分の家族や仲間とともに、安定した豊かな暮らしを営めることこそが理想である。各国のそうした国づくりが可能となる経済秩序の建設を目指すべきである――それこそがリベラルを志向する者の為すべきことでありで、人道的な目標であると結論付けている。

■移民国家化で日本が日本でなくなる

いま、施氏による問題提起を取り上げてきたが、次に施氏同様、三十年以上前から日本が大量移民の受け入れという「移民国家」の道に進むことを批判してきた評論家の西尾幹二氏の見解をみてみたい。三十年前といえばバブル絶頂期のころである。このころから移民国家に移行しつつあった日本の趨勢を読んでいた慧眼は、驚くべきものがある。

そもそも、人手不足を理由に外国からの労働力に頼りたい本心を隠し、技能実習生などという制度を一九九三年に導入した。高度経済成長を遂げ、バブルに沸いてその崩壊を目の当たりにした日本が、それまで独り勝ちだった経済での優越感の後ろめたさと、日本文化は遅れていないが国際社会から見れば閉ざされているという、あの時代特有の劣等感を移民論の看板として表に押し立ててきたのが実態だと、西尾氏は言う。

西尾氏は二〇一九年に施行された改正入管法を「移民国家宣言」であると位置付けている。西尾氏は元号が平成になる二年前の一九八九年、すでに現在の勤労人口減少を的確に予測し、「労働鎖国のすすめ」で外国人の単純労働力の導入に慎重論を唱えていた。それから三十年後の改正入管法について、「人口減少という国民的不安を口実にして、世界各国の移民導入のおぞましい失敗例を見て見ぬふりをし、一八年十二月八日未明にあっという間に国会で可決成立された。それを横目に見て、あまりに急だったな、とため息をもらした。言論人としては手の打ちようがない素早さだった」（同年十二月十三日付産経新聞電子版）と無力感を率直に語った。

そして、根源的な問題として「新たな民族対立に耐えられるか」と日本人に問い質している。「発展途上国の雇用を助けるのは先進国の責務だ」というような甘く暢気で感傷的なことを一流の知識人が口にし、日本政府も一九九三年に技能実習生制度を導入した。

発展途上国の雇用を助けるのは先進国の責務ではないことは、さきに施氏が指摘している通りである。

ある県庁の役人が地方議会で西尾氏の本を手にしてこう、熱弁を振るったそうだ。

「西尾先生の本をこうして持ってね、表紙を見せながら、牛や馬ではなく人間を入れるんですよ。入ったが最後、その人の一生の面倒を日本国家がみるんですよ。外国人を雇った企業が利益を得ても、健康保険、年金、住宅費、子供の教育費、ときに増加する犯罪への対応はみんな自治体に降りかかってくる。だから私は絶対に反対なのだ」

治安や教育という面で、川口市のクルド人のケースを想起させられる発言だ。

今でこそ、ようやく外国人労働者が抱える問題が表面化し、これに対する理解が少しずつ広がってきているが、当時は差別主義者とか排外主義者などと、不当な誹謗や中傷にさらされていた。

西尾氏が言うには、外国人は自分の欲望に忠実で、先進国に入ってくるや否や徹底的にそれを利用し、そこで出世し成功を収めようとする。何代かけてもである。そうなれば当然、日本人社会とぶつかるが、そのために徒党を組むので、外国人同士、例えば、中国人とベトナム人との間の争いが、日本社会に別の新たな民族問題を引き起こす。その争いに日本の警察は恐らく無力だというのだ。

日本国民は被害者でありながら、国際的には一貫して加害者に位置づけられ、自由に自己弁明できない。一般に移民問題はタブーに覆われ、ものが言えなくなるのが一番厄介な点で、すでにして日本のマスメディアの独特な「沈黙」は始まっている――という五年も前の指摘は耳が痛い。人権団体や左翼団体に絡まれると面倒くさいという意識はないか。

川口市で起きたクルド人同士による騒乱を報じない日本のメディアがまさに、この症状に陥っている。救急病院の機能が彼らの騒ぎのせいで一時停止せざるを得なかった事実をどう受け止めるのか。それが「おかしい」と声を挙げることが、差別であり、排外主義者として指弾されなければいけないのか。改造車の暴走や爆音に迷惑し、空き巣などの犯罪行為、夜の徘徊に脅えている住民の苦労に思いを寄せれば、軽々しく「差別」だとと批判することの偽善ぶりが際立つだけである。数の多さからいって、在留外国人問題の核心は中国人であるのだが、最近ではこのように、クルド人や土葬を求めるムスリムの問題も顕在化している。

必要に応じて国籍ごとに蛇口を閉めるのは入管行政の鉄則である。それを差別というのなら、世界中すべての国の人をノービザにすればよい。そんな国があるのか。なぜそれをしようとしないのか。差別だという人たちには、その理由をぜひ教えてもらいたい。

さて、外国人労働者だが、かつては先進国の責務というようなヒューマニズム論が前面に出ていたが、人口減少の不安を前面に打ち出し、全ての異質の宗教を包容できる日本の伝統文化の強さ、懐の広さを強調するようになってもいる。だが、西尾氏はこれにも異を唱えてこう指摘する。

日本は和を尊ぶ国柄で、宗教的寛容を古代から受け継いでいるから多民族との共生社会を形成することは容易である、というようなことを言い出した。こんな大ざっぱな文化楽観論が背景にある。確かに日本文化は寛容だが、何でも受け入れるふりをして、結果的に入れないものはまったく入れないという外光遮断型でもある。対決型の異文明に出合うと凹型に反応し、一見受け入れたかにみえるが、相手を括弧にくくって、国内に囲い込んで置き去りにしていくだけである。キリスト教、イスラム教、ユダヤ教、それに韓国儒教などの原理主義は日本に絶対に入らない。中国の儒教も実は入っていない。

さらに、こう釘を刺す。

多民族共生社会や多文化社会は、世界でも実現したためしのない空論で、元からあった各国の民族文化を壊し、新たな階層分化を引き起こす。日本は少数外国人の固有文化を尊重せよ、と早くも言われ出しているが、彼らが日本文化を拒否していることにはどう手を打ったらよいというのか。イスラム教徒のモスクは既に数多く建てられ、中国人街区が出現し、朝鮮学校では天皇陛下侮辱の教育が行われている。われわれはそれに今耐えている。寛容は限界に達している。

事実、二〇一九年四月に改正入管法を施行してからわずか四年で、逃亡者が増加の一途をたどる技能実習制度などとの建て付けの矛盾が表面化した。このため、政府は二〇二三年六月、熟練外国人労働者として永住可能な在留資格「特定技能2号」の対象業種を、これまでの二分野から十一分野に拡大することを決めた。今までの特定技能2号の対象分野は建設分野と造船・舶用工業分野のみだったが、農業、漁業など新たに九分野が追加された。西尾氏が、特定技能1号の三十四万人の受け入れ方針は、あっという間に三百四十万人になる。それが欧州各国の先例であると指摘したのはその通りの展開になっている。

地震や台風といった災害の多い日本列島ではあるが、四季めぐる美しいこの島国に「住民」がいなくなることはあるまい。移民の大量受け入れで、むしろ、人口は増加の一途をたどるだろう。けれども、日本人が減っていく。日本語と日本文化が一つ、また一つと消えていく。世界には繁栄した民族が政策の間違いで消滅した例は無数にある。それが歴史の興亡だ。

西尾氏はさかのぼること二〇一〇年、月刊誌「ＷｉＬＬ」（同年四月号）で、当時のドイツ事情をこう伝えている。

トルコ人問題で苦しんだドイツは、トルコへの帰国者を募り、相当額のお金をつけて故国へ返す政策を計画し、大規模に実行したことがある。しかし、間もなく無駄と分かった。帰国させたほぼ同じ人数だけ、たちどころにドイツに新たに入国してくる。同じトルコ人が戻ってくるのではない。ドイツ社会にトルコ人就労者を必要とする一定数の強い需要が生じてしまったのである。ひとたび外国人労働者を受け入れると、先進国の社会は送られてくる労働力のパワーに慣れ、それを頼りにし、次第にそれがなければ成り立たない社会に変わってしまう。先進国の側が外国人をつねに必要とする社会体質になり、その力を勘定に入れなければ国や都市や各種の組織が機能しなくなってしまうのだ。

施氏が「日本を含む先進国は、途上国から先進国への大規模な人材の移動が生じるような国際経済秩序を改める必要がある」としているのは、まさにこのことと同意である。西尾氏はさらに、「人間を麻薬に例えるのは不穏当」としながらも、外国人労働力を薬物に例えてこう指摘している。

ドイツは、トルコ人労働者という麻薬に手を出して抜け出せなくなった。じつはフランスも、オランダも、英国も、各国それぞれ様相は違うが、麻薬に手を出したという点では同じだといっていい。

二〇二二年五月にドイツ連邦雇用庁が公開したデータによると、二〇一五年から一六年の難民危機の間にドイツ入りした難民認定希望者約百八十万人のおよそ半数が社会福祉給付金（ハルツⅣ）で生活している。百八十万人のうち六十七万人は無職であり、四十六万人は雇用されているものの、約半数は単純労働に従事し、低賃金のためハルツⅣの給付を受けているという。外国人に対するハルツⅣ給付額は〇七年以来倍増し、二〇年には百三十億ユーロ（約二兆円）に達している（イスラム思想研究者の飯山陽氏、令和五年八月二十二日付産経新聞電子版）。

フランスも同様に、第三諸国からやってくる労働スキルの低い移民を受け入れたとしても、利益を得るのは移民本人と低賃金労働者を確保できる雇用主だけであり、国家と国民は損をすると主張する（対外治安総局（ＤＧＳＥ）元局長のピエール・ブロシャン氏）との見方があるという。

フランス国立統計経済研究所が二〇二三年三月に発表したデータによると、フランスの総人口六千七百六十万人のうち十・三パーセントを移民一世、十・九パーセントを移民二世、十・二パーセントを移民三世が占める。フランスでは移民系がすでに人口の約三分の一を占めている。一九年にフランスで生まれた新生児の約二割にアラブ・イスラム系の名前が付けられ、フランスは徐々にキリスト教徒の国ではなくなりつつある（飯山氏）。

さて、西尾氏は先に「外国人問題で一番厄介なのはタブーに覆われ、モノが言えなくなることだ」と指摘したが、現在のドイツがまさにそういうスパイラルに陥ってしまったのである。ドイツは移民があまりにも国内に深く入り込んできているため、今さら「移民反対」と言えなくなり、道を引き返すすべはもはやなくなったとしている。

「メディアも政府も沈黙する。知識人も言論人もモノが言えなくなる。これが外国人流入問題の最も深刻な最終シーンである。外国人を労働力として迎えるという麻薬に手を出した国の先にあるのは、民族の死である」と西尾氏は述べている。

泥縄的に入管法を改正し、少しずつ、少しずつ、労働者名目で外国人を移民させる。日本政府は何かというと「実証実験」をやりたがるが、移民問題は実験のやり直しがきかないのである。覆水は盆に返らない。ひとたびハンドリングを間違うと、移民問題は日本の命脈にとどめを刺す時限爆弾になりかねないのである。

フランスに入国したイスラム教徒がフランス国家に対して敵対的であるように、西尾氏は、「中国人や（文在寅政権下のように一時期の）韓国人の行き過ぎた愛国心は、すでに日本人の我慢の限界を超えていて、在日移民の数が増えれば、確実に日本に対する敵性国民としての正体を現す。何かきっかけがあれば暴動を起こすかもしれない」とし、「暴力より怖いのは、彼らによって日本の国威が日常的に傷つけられ、（日本人の気づかないところで）国力を削ぐための秘密工作が行われることである」と警鐘を鳴らしている。

飯山氏は、「移民政策の失敗は十年以上前にドイツのメルケル首相も、キャメロン英首相も認めている」とし、「二〇一七年に出版された『西洋の自死』（ダグラス・マレー著）は、移民を大量に受け入れた欧州では『国のかたち』が大きく変容し、自死の過程にあると警告した。日本も移民を大量に受け入れれば、今ある社会はすっかり姿を変え、我々は故郷と呼ぶべき居場所を失う可能性がある。我々日本人はその覚悟をもって、大移民時代を迎える必要がある」と語っている。

日本は古代から舶来物を吸収し、環境の変化に不断に適応してきた社会であり、この適応力こそ日本文化の神髄である。確かに地震や津波、火山の噴火といった天変地異はもとより、外敵に対してもこれによく対処し、文化文物を是々非々で取り入れ、わが物としてきた文化は、世界に類をみない。

サミュエル・ハンチントン博士が自著『文明の衝突』で、日本は独自の文明圏であると主張した説は、今さらながら正鵠を射ていると感心する。野放図な移民政策をとるべきではない。蛇口を緩めたり閉めたりする戦略的な発想が問われているのである。

第七章　台湾有事と日本

■日本で蠢く中国共産党の破壊工作

台湾有事が起きた際に懸念されるのは、日本国内で想定される中国共産党工作員による攪乱である。軍事力を使った台湾と日本の南西諸島、沖縄本島への攻撃に備えなければならないのは当然である。

同時に注意しなければならないのは、有事の際に、カネ、ヒト、モノを強制的に徴用する国防動員法を盾に、中国共産党政権が画策する日本国内における破壊工作である。それが杞憂でないことは、過去の歴史事実が物語っている。

さきの大戦後、一九五〇年に始まる朝鮮戦争（一九五〇年六月二十五日～五三年七月二十七日）にかけ、日本国内では旧ソ連や中国共産党、朝鮮労働党、日本共産党という共産主義勢力による後方攪乱戦が展開された。

朝鮮戦争は戦後復興に励む日本に「戦争特需」をもたらしたが、朝鮮半島同様に日本国土が実は、砲弾こそ飛び交うことはなかったが、紛れもなく戦場となっていた事実を知る人は少ない。

想起するのは、一九四九年、極東コミンフォルムを拠点とした旧ソ連の動きだ。

極東コミンフォルムとは、一九四九年九月にソ連が主導した共産党・労働者党情報局のことで、コミンテルンと同様、国際共産主義運動の司令塔である。ソ連など東側陣営に対抗するため、トルーマン米大統領が二年前に打ち出したトルーマン・ドクトリンと対峙して、西側の自由主義陣営に対する工作を強化し、戦後の世界秩序の変革を目指す国際共産主義運動の中核となる組織である。

アジアにおいて、ソ連主導の極東コミンフォルムを車輪のハブとして、中国共産党、日本共産党、朝鮮労働党が連動した。朝鮮半島で暴動が相次いでいた一九四八年三月、日本共産党中央委員会は司令七一号で共産党と在日朝鮮人連盟の共同行動を指令している。

四月一日には、神戸市で朝鮮人による暴動が発生し、非常事態宣言が発令される事態となった。岸田幸雄兵庫県知事が朝鮮人学校の閉鎖を命令したのに対し、これに反対した在日朝鮮人連名の動きと同調する形で、日本共産党の二十数名も「党旗」をおしたて、アジ演説を始めた。

結局、四月になって米占領軍が動き、占領期初の「非常事態宣言」を発し、神戸市の警官二千五百人を米軍憲兵司令官の指揮下におく一方で、MP（米軍警察）約千人を投入して騒乱先導者の一斉検挙に踏み切った。読売新聞によれば、「日本共産党が一連の暴動を扇動しているとの確信を得た」という米軍幹部の証言を載せている。

このころ、大陸では蒋介石率いる中国国民党と毛沢東率いる中国共産党による第二次国共内戦

朝鮮戦争時の後方撹乱の経緯

さきの大戦後、朝鮮戦争(1950年)にかけ、日本国内では旧ソ連や中国共産党、朝鮮労働党、日本共産党という共産主義勢力による後方撹乱戦が展開された

1946年～	中国大陸で第2次国共内戦が勃発
1948年3月	日本共産党中央委員会は司令七一号で共産党と在日朝鮮人連盟の共同行動を指令
4月1日	神戸市で朝鮮人による暴動が発生し、非常事態宣言が発令される
1949年	極東コミンフォルム創設 ソ連が主導した共産党・労働党情報局で、国際共産主義運動の司令塔
8月	ソ連が原爆実験を成功 コミンフォルムの工作員・岩村吉松こと許吉松が、朝鮮戦争を前に日本に密入国し、50年9月に逮捕
10月	中国共産党政権が樹立。日中友好協会の準備会が設立。対日工作が活発化
1950年6月 ～ 1953年7月	朝鮮戦争 毛沢東型の「農村が都市を包囲する遊撃戦」、つまり「農村を根拠地とした武装闘争を発展させ、次第に都市へと浸透させて、蜂起を図る」闘争によってアジア太平洋の被圧迫人民を解放せよという「劉少奇テーゼ」をソ連共産党機関紙「プラウダ」が掲載

祖国防衛隊が起こしたとみられる主な事件と日本共産党の動き

(警察庁「戦後に於ける集団犯罪の概況」)

1950年 11月20日	長田区役所襲撃事件
12月1日	大津地検襲撃事件
1951年 2月23日	王子朝鮮人学校事件
10月	日本共産党が、「日本の解放と民主的変革を平和な手段によって達成し得ると考えるのは間違っている」として、暴力革命の主張を公然と掲げた「1951年テーゼ」を新たに発表。1951年綱領とも呼ばれ、「日本共産党の当面の要求、新しい綱領」
11月10日	東成警察署襲撃事件
12月16日	親子爆弾事件
1952年 1月21日	白鳥警部射殺事件
5月25～26日	高田事件
6月10日	島津三条工場事件
6月24～25日	吹田・枚方事件
7月7日	大須騒乱事件
7月	相馬ケ原駐屯地事件
1952年 10月	衆院選で、共産党は前職18人を含む107人を立候補させたが、51年綱領に基づく暴力革命路線が支持を得られず、全員落選した。
1958年 7月	日本共産党は同月の党大会で、宮本顕治を書記長に選出。「51年綱領」を「一つの重要な歴史的な役割を果たした」と評価した上で、正式に廃止した。

朝鮮戦争時の後方攪乱に対する日本共産党等の見解

○ 2016年4月5日付の党ホームページにおける対談で、不破哲三元日本共産党議長は、1951年の武装闘争について、「あの時期に資本主義国の共産党でスターリンから武装闘争を押し付けられたのは日本共産党だけだった。日本は朝鮮戦争の米軍の後方基地だから、そこで攪乱活動をやれば戦争に有利に働くという判断でやられた作戦でした」と述べ、ソ連の侵略戦争である朝鮮戦争に間接的に参加し、後方攪乱の一翼を担っていたことを認めている。

○ 1951年綱領をめぐる表記について、日本共産党は神経をとがらせている。例えば、最近では以下のような一件があった。日本共産党の機関紙「しんぶん赤旗」(2019年3月2日付電子版)は、こう書いている。

> 日本共産党の植木俊雄広報部長は1日、党綱領に関する誤った記事を掲載したとして日本経済新聞社に抗議し、是正措置をとるよう求めました。同紙は 2 月 22 日付夕刊「政界Ｚｏｏｍ」欄の「政党綱領で読む憲法観」で、日本共産党の「51年綱領」なるものを取り上げ、「暴力革命を打ち出した」などと書いていました。
>
> 抗議では、「51年綱領」は党の正規の機関が定めた文書ではなく、戦後、旧ソ連や中国の指導部による不当な介入・干渉により生まれた党執行部内の分派が勝手に作った文書だと指摘。「『綱領』などと呼べるものではないことは、わが党がくりかえし明らかにしてきたことだ」と強調しました。
>
> その上で、61年の第8回党大会で正式に決定した綱領は「武装闘争」や「暴力革命」路線を明確に退け、「日本の政治と社会のどんな変革も、国民多数の合意に基づき、国会で安定した過半数を占めることによって進めていく立場を明らかにした」と指摘。「この立場は2004年に決定した現在の綱領でも明記している」と述べ、同記事の誤りを指摘しました。

○ 2004年警察白書(現行警察法試行50周年記念特集号)は、「同党が20年代後半に暴力的破壊活動を行ったことは歴史的事実であり、そのことは『白鳥警部射殺事件』(1952年1月)『大須騒乱事件』の判決でも認定されています」としている。

(一九四六年~五〇年代)で中国共産党軍が攻勢に転じ、中共軍勝利の流れが固まっていった。この間、ソ連は四九年八月に原爆実験を成功させ、十月には中国共産党政権が樹立された。極東コミンフォルムは、中国共産党や朝鮮労働党と連携しつつ、中国共産党政権樹立後の一九五〇年北朝鮮の南進で勃発する朝鮮戦争を見据え、後方攪乱戦を日本に仕掛けてきたのである。

ソ連が原爆実験に成功したのと同時期の四九年八月、コミンフォルムの工作員・岩村吉松こと許吉松が、朝鮮戦争を前に日本に密入国し、五〇年九月に逮捕されている。百人ものスパイ網を運営して軍事情報を収集し、極東コミンフォルムと連携していた大規模なスパイ事件だった(江崎道朗著『朝鮮戦争と日本・台湾「侵略」工作』PHP新書)。

同書によると、島根県隠岐島から北朝鮮工作員の許吉松（当時三十七）が、北朝鮮工作員多数を擁する在日スパイ網の首魁として工作員の獲得、在日スパイ網の統合、極東コミンフォルムとの秘密連絡、米駐留軍や警察予備隊の軍事情報収集を行っていた。許は一九四九年八月、北朝鮮工作員二人とともに終戦後の日本の軍事基地の調査、米駐留軍や日本の警察の配置や装備、在日朝鮮人の北朝鮮への送り込みなどの任務を帯びていた。許は一九五一年七月、GHQ軍事裁判で占領軍の安全に有害な行為をした罪で懲役十年の判決を受けている。GHQは同時期、在日朝鮮人連盟など四団体に解散命令を出した。

留意したいのは、許ら北朝鮮工作員によるスパイ活動が表面化する一方、中国共産党政権が樹立された四九年十月に日中友好協会の準備会が日本で発足するなど、中国共産党の対日工作も活発化していったことである。

翌月の十一月中旬、極東コミンフォルムの設置を決定した共産党系の会合で、中共幹部だった劉少奇が重要演説を行っている。

劉は、「植民地・半植民地の帝国主義者は完全に武装した匪賊であり、かれらはその支配地域の人民を支配するために強力な兵器を持っている。このような地域においては、民族解放闘争の主要な闘争携帯は武力闘争である。その指導者は、プロレタリア階級とその政党である共産党でなければならない」と語った。

劉少奇はこの会議で、毛沢東型の「農村が都市を包囲する遊撃戦」、つまり、「農村を根拠地とした武装闘争を発展させ、次第に都市へと浸透させて、蜂起を図る」闘争によってアジア太平洋の被圧迫人民を解放せよという「劉少奇テーゼ」を主張した。このテーゼが翌一九五〇年、ソ連共産党の機関紙「プラウダ」に掲載されたことで、ソ連が劉少奇のテーゼを承認したことが裏付けられた。

これが意味するのは、日本は米国の植民地として、暴力革命によって解放されるべき抑圧された民族であり、GHQと連携して合法的に共産党政権を樹立するとした、日本共産党の野坂参三が提唱した「平和革命」の否定であった。劉少奇テーゼとソ連の動きを機に日本共産党は一九五一年、新テーゼ「一九五一年テーゼ」を発表することになる。

新テーゼは「日本の解放と民主的変革を平和な手段によって達成し得ると考えるのは間違っている」として、暴力革命の主張を公然と掲げた。この年二月の第四回全国協議会（四全協）で軍事方針を決定し、十月の「五全協」で遊撃戦の戦術を決定する新綱領が採択され、ともにコミンフォルムの支持を獲得した（安部佳司著『日共の武装闘争と在日朝鮮人』論創社）。

こうして日共の指導の下、日本国内でも武装闘争が駐留米軍施設や米兵の乗る車両に対して火炎瓶投擲という形で苛烈に行われたのである。これらの武装闘争を支えたのが在日朝鮮人の組織、祖国防衛委員会（祖防委）であった。祖防委は、在日朝鮮統一民主戦線傘下の非公然組織で、その傘下に祖防隊が組織された（同）。北朝鮮の指導者、金日成が日本共産党の五全協を基礎として、膠着した三十八度線上の戦線を突破するため、日本国内の軍事基地、軍需工場、輸送道路の破壊、民団幹部、米兵の殺害を指令したことが、一九五二年五月一日の血のメーデー事件といわれる「皇居前騒擾事件」などに影響を与えた（篠崎平治著『在日朝鮮人運動』令文社）。

このほか、一九五〇年十一月二十日の「長田区役所襲撃事件」、十二月一日の「大津地方検察庁襲撃事件」、五一年二月二十三日の「王子朝鮮人学校事件」、十一月十日の「東成警察署襲撃事件」、十二月十六日の「親子爆弾事件」、五二年五月二十五～二十六日の「高田事件」、六月十日の「島津三条工場事件」、朝鮮戦争開戦記念日の六月二十四日～二十五日の大阪の「吹田・枚方事件」、七月七日の名古屋の「大須事件」、同月の「相馬ケ原駐屯地事件」などが祖防隊が起こした事件として知られる（警察庁『戦後に於ける集団犯罪の概況』）。

武装闘争を主導したのは、中核自衛隊や山村工作隊、祖防隊だった。特に、血のメーデー事件、吹田・枚方事件、大須騒擾事件はいずれも中核自衛隊が祖防隊を率いて火炎瓶を武器に戦っている。中核自衛隊とは、一九五一年の「五全協」で、ソ連のスターリンと中国の劉少奇らの指示を受けて作られた日本共産党の軍事組織で、「Y」と呼ばれた。

山村工作隊は、中核自衛隊と同時期に組織された日本共産党の非合法極左テロ組織である。毛沢東の農村を拠点とする手法に倣ったものだが、農民の支持は広がらず、一九五五年、日本共産党が武装闘争について、「極左冒険主義」だったと自己批判し、同年七月二十九日の六全協で、武装闘争路線を否定して以降、先細りとなって何らの成果を挙げることもなく消滅した。ただ、五二年の枚方事件では、山村工作隊のメンバーも指示を受けて参加するなど、農村部を拠点に出撃するゲリラ活動は細々と続けていた。

スターリンによる朝鮮戦争への参戦を要請された毛沢東の誤算は、朝鮮半島や台湾に関する不介入方針を示してた米トルーマン政権が方針を撤回し、一九五一年六月、台湾海峡に第七艦隊を派遣したことだった。

毛沢東の手中にあった「台湾解放」がするりと抜け落ちた瞬間だった。

朝鮮戦争前、中国共産党はソ連共産党と連携し、朝鮮半島に義勇軍を送るなど、事実上の人民解放軍を参戦させる一方、極東コミンフォルムを舞台に日本国内での浸透工作に乗り出していた。朝鮮戦争後は中国共産党の工作員を隠密裏に日本に派遣し、一九七二年の日中両国が国交を正常化するまで、後段で具体例を示す通り、日本国内でオルグを進めていった。

日中国交正常化でいったんは下火となった中国共産党による浸透工作だが、江沢民国家主席が反日政策に中国共産党政権の正統性を求めていたころはもとより、有事には国内外のカネ、ヒト、モノを強制的に動員する国防動員法（二〇一〇年施行）の運用が可能となった現在の習近平政権による台湾占領を狙った有事にでもなれば、それこそ、日本国内での工作活動は熾烈を極めるのは火を見るより明らかである。

■元「日中戦線」工作員にインタビュー

朝鮮戦争当時、在日朝鮮統一民主戦線傘下の非公然組織の「祖国防衛隊（祖防隊）」と連携して後方攪乱を行っていた日本共産党や山村工作隊、中核自衛隊などの主な動きはいま見てきた通りだ。朝鮮人組織が武装闘争を展開する一方、中国共産党も一九五〇~七〇年代初めにかけて日本国内で活発に浸透工作を行っていた。筆者は最近、中国共産党の指示に従って当時工作活動を行っていた日本人男性に話を聞くことができた。男性に初めて会ったのは二〇一九年五月二十三日で、場所は滋賀県大津市の琵琶湖畔のホテルだった。

ここで初めてインタビュー内容の紹介にこぎつけたのは、台湾有事が迫る中、男性の経験が、まさに日本がこれから直面するであろう事態に何をすべきなのか、大切なことを教えてくれていると思われたためである。本書のように中国の浸透工作、とりわけ、台湾有事の際に予想される中国による後方攪乱に警鐘を鳴らすタイミングを探っていた。実名での公表を快諾してくれた勇気にこの場を借りて感謝したい。

ただ、話の中には現在も実在する関係先や存命の人物がいたりするため、そういったものについては、ここで問題にする取材のテーマと直接関係ないため、匿名とした。

男性は京都市内に住む元会社員、薬師川富夫さん（七十五）だ。日中国交正常化前の一九七〇年代初めのことだ。京都市内で中国共産党の指揮下にあった社青同ML派系の日中戦線で活動していた薬師川氏は、コロナ前までジムに通って筋トレを続ける「肉体派」でもある。一九七一年初め、京都市内の円山公園内で、毛沢東の文化大革命礼賛や日米帝国主義批判を論じる集会に参加した後、参加者に誘われて薬師川氏が加わったのが、「日中戦線」だった。今でも存在する薬局内に中国共産党直轄の日中友好協会正統本部京都支部があった。中国からの指令は、京都市内に潜伏する中国共産党工作員により、いつもこの支部から発せられていた。デモの際はいつも日本赤軍と隣り合わせだったという。

デモ隊は四条河原町辺りでコースを外れてジグザグで機動隊を挑発し、旗竿や鉄パイプで小競り合いを起こしていた。日中戦線には強力なシンパやスポンサーがいて、中には日中貿易関係者の著名人もいたという。

国交正常化前の一九七一年四月、名古屋市で世界卓球選手権大会があり、中国選手代表団の来日が決まった。日中友好協会正統本部京都支部からの連絡で、日中戦線メンバーから一人、警備要員として参加することになったという。京都市内の薬局周辺が私服警官に囲まれるなど、厳しい締め付けがある中、薬師川氏の参加が決まった。組織に入って数カ月しか経っていない薬師川氏に白羽の矢がたったのは、日中戦線には指名手配者や中国の情報機関員、今後潜伏する可能性のあるものがほとんどで、新米の薬師川氏がもっとも適任だったための起用だったそうだ。中国選手団の帰国後、セクトの女性幹部がそう打ち明けてくれたという。

名古屋市内で開催された卓球世界選手権大会で中国選手団を護衛したのは、愛知労働者評議会（愛労評）の専従活動家と社青同や日中友好協会、ML派だったという。今でもよく覚えているのが、大会期間中、中国選手団の中心選手、荘則棟選手の言葉という。荘選手は薬師川氏に対し、「これからの中日両国は過去のことは過去のことと理解し、私たち若い世代がスポーツや文化芸術で交流し、共に話し合い、未来に向かって新しい中日両国の時代を作って行かねばならない。君たち中日戦争を知らない人に責任はない。私たちと共に強く連帯し、前に向かって進もう」などと言われたことだという。

薬師川氏は荘氏の言葉に驚くと同時に、「革命だとか反帝国主義とか言っていた自分たちの頭の中が混乱し、むなしさと動揺があった」と述懐している。薬師川氏ら日中戦線はその後も毛沢東思想を掲げ、京都を中心に活動を展開していたのだが、一九七二年二月にニクソン米大統領が訪中し、九月には政権発足間もない田中角栄首相が訪中して日中共同声明を発出するという大きな外交上の動きに翻弄されることになる。

この展開に落胆したのは、当の薬師川氏ら日中戦線や毛沢東思想を信奉する左派の面々だった。彼らは「喜びとともに方向性を失った」(薬師川氏)だけではない。日中友好協会正統本部は、中国政府から「今後、中国と日本は国交を結んだ友好国であり、両国に敵対する者は反対分子とみなす」という通告を受けたのだ。

つまり、「全ての活動を停止せよ」という通達だった。薬師川氏によると、このときを境に「中国思想の団体や思想家は自然消滅していった」という。ただ、今でも納得いかないのは、荘氏がせっかく未来志向の日中関係を語って希望を与えてくれたのに、中国共産党政権が事実に基づかずに、いまだに〝南京大虐殺〟だとか、靖国神社参拝など、歴史認識カードを切ってくることだという。

■毛沢東思想学院とイスラエルの「キブツ」

一九六〇年代から七〇年代にかけ、中国共産党の支配下組織で、毛沢東の大衆路線を広める役割を担った毛沢東思想学院が兵庫県宝塚市にあった。七二年の国交正常化まで、国交のない時期の中国の情報に接することができる唯一の機関だった。

薬師川氏は日中戦線のセクトメンバーと三度ほど、訪れたことがあった。学院に行くと全国から活動家が来ていてひしめき合い、数セクトごとに分科会式に分かれ、一つの分科会にが学院の指導部の人が入り、小冊子を各人に配り、ボードで指導していたという。

小冊子のテーマは〝南京大虐殺〟であったり、「日本軍の侵略」や「毛沢東主席と八路軍」の白黒写真入りで、いつも日本の軍国主義を批判する文言が入っていた。指導者は各セクトの各地での集会状況やデモの様子、オルグ（組織への勧誘活動）の増減について聞かれた。また、警察の警備状況、武装などを聞かれ、その都度指導された。休憩時には人がたくさんごった返すホールで知らない人同士が情報を求める会話が続いた。

薬師川氏はそんなある日、中国から身分を隠して極秘裏に来日していた諜報戦略部に所属する年上の男性工作員と話した。

工作員から京都府警の公安警備担当者の名前を聞かれたが、知らなかったので、「知らない」と正直に答えたという。男性工作員は他県からの参加者にも同じように他県警の公安警備担当者の名前を聞いていた。

工作員の話で印象深いのは、「英国のＭＩ６や米国のＣＩＡより、イスラエルのモサドが一番怖い」と言っていたことだという。モサドについては、イスラエルのシリア国境やパレスチナ国境にある共同体「キブツ」に居住していた人がおり、薬師川氏は彼からキブツについての話を聞いていたという。

それによると、キブツにはイスラエル最強の陸軍部隊が常駐し、モサドの情報部員がいた。モサド部員は、「イスラエルを守るために命をかけて戦う。敵が攻撃してきたら、いつどこでも十倍にして反撃する。これがイスラエルの国体護持の形だ」とキブツにいた彼は、イスラエル人の言葉として教えてくれたという。ハマスやヒズボラが二、三発砲撃してきたら、必ず、二、三十発反撃し、爆撃機で爆撃するのだという。ユダヤ民族は、国を奪われ流浪の民となった歴史を憂い、領土への執着心は、行く世代に渡り強い。次の戦争や紛争があれば、必ず領地を奪いとることがユダヤ民族の想いである。

これを執筆している今まさに、イスラエルがハマスのテロ攻撃に反撃を加え、戦火を交えている。薬師川氏が過去に見聞きしてきたことは、決して歴史の一コマなのではなく今につながる普遍性をもった事実なのである。

毛沢東思想学院のエージェントは、ラジオで日本語の北京放送を毎日聴くことを指示していた。そして、薬師川氏はオルグに力を入れるようにと言われた。組織づくりに必要な思想的同志を勧誘し、引き入れる。一人の活動家が二人の同志を組織に入れて増やすことを要求していた。今でいう新興宗教の勧誘スタイルで、「組織の思想こそが無二のものであり、世界を変革するには他に比類がない」とオルグ活動を続けるよう指導されたという。また、軍事面で「三大紀律八項注意」に代表される八路軍や人民解放軍の誠実さや革命精神力の強さを教育された。

三大紀律八項注意とは、一九二八年、毛沢東により、中国工農紅軍の軍規として制定されたのが始まりで、中国人民解放軍の軍規に相当する。国家統一までの間、「中国人民解放軍は厳しい軍規により統制が取れた組織である」ということを宣伝するため、「三大紀律八項注意」というスローガンを盛んに唱えていた。以下が、「三大紀律」と「八項注意」である。

「三大紀律」
一、切行動聴指揮（一切、指揮に従って行動せよ）
二、不拿群衆一針一線（民衆の物は針一本、糸一筋も盗るな）
三、一切繳獲要帰公（獲得した物も金も公のものにする）。
「八項注意」
一、説話和気（話し方は丁寧に）
二、買売公平（売買はごまかしなく）
三、借東西要還（借りたものは返せ）

四、損壊東西要賠（壊したものは弁償しろ）
五、不打人罵人（人を罵るな）
六、不損壊荘稼（民衆の家や畑を荒らすな）
七、不調戯婦女（婦女をからかうな）
八、不虐待俘虜（捕虜を虐待するな）

薬師川氏は「確かに八路軍の規律や誠実さは模範となるものだ」と述懐するが、人民解放軍の世代が代わるにつれ、規律は崩れ、文化大革命で経験者や知識人を粛清することで弱体化したとしている。また、一九七九年より、一人っ子政策により、人民解放軍の幹部から一般軍人に至るまで、ほとんど長男と長女しか存在しなくなってしまったのが弱体化の一因という。もう一つは、文化大革命において、本来の改革解放路線から逸脱し、紅衛兵という稚拙な勢力が教育者や文化人、経済人を粛清し、貴重な人材を失わせてしまったことが、弱体化を招いたとしている。

紅衛兵の少年少女は、実の両親や祖父母までブルジョワジーと罵り、抹殺し、後に大きく後悔していた。その結果、独走独裁の指導部を諭せる人は存在せず、「孔子や孟子の偉大な思想文明を持つ中国は、流浪せざるを得なくなった」（薬師川氏）という。

■河野洋平氏が仕切る「国貿促」の闇

薬師川氏は、日本国際貿易促進協会京都支部についても証言した。略称、国貿促は、日本と中国は当時、国交がなかったため、日本国内の日中貿易における唯一の窓口機関として存在していた。日中友好を目指す企業の中でも、京都支部は国内においても大きな存在だったという。

拙著『ステルス侵略』（ハート出版）でも指摘したが、この国貿促は現在も日本経済団体連合会と太いパイプを持ち、会長は河野洋平元衆院議長である。中国共産党の手先となって利益追求を追い求める日中友好人士の集まりでもある。

この中心メンバーだった、京都市内の紡績会社は当時、シルク産業が構内で比重を占める中、中国から安い生糸を独占輸入し、財をなし、支部事務所となっていた漢方薬局も関連物資や中華料理素材のきくらげを独占輸入し、景気が良かったという。きくらげが無料だったのは、表向き、日中友好国交回復運動の活動費支援のためだったが、活動費に還元されたのは微々たるもので、大半が漢方薬局に吸い込まれと噂されていたという。

一九七一年四月、京都市内で行われた卓球の中国代表選手団の歓迎レセプションであいさつした国貿促京都支部の会長は、友好親善を盛り上げるつもりだったのだろう。「毛沢東主席は神様そのものだ」と述べ、会場はまさかの発言にどよめいた、という。

毛沢東思想の何たるかを知らない日本の経済関係者は拍手で称えた。だが、中国卓球代表団関係者や反日活動家はみな、あってはならない「神様」発言に凍り付いた。

ちなみに、森喜朗元首相が神社関係者の集まりで、日本を「神の国」と発言したとかでマスコミの批判を浴びたことがあったが、これは森氏のリップサービスであり、筆者はまったく問題がないと思っている。小渕恵三首相の後継として密室で決まった首相だけに、揚げ足をとられたものだと理解している。

だが、森氏の発言とは違い、支部会長のあいさつはタブーともいえるものだった。

中国は宗教信教のない唯物史観で神様仏様は存在せず、禁句だったからだ。後の日中友好協会正統京都支部内で、このときのあいさつが問題となったが、「支部会長は毛沢東思想を理解しない小ブルジョワジーで、日中友好には忠実」という結論となり、不問に付された。ただ、出席者の中には、「毛主席は神様と呼ぶことは論外であるが、中国国内での紅衛兵や幹部、支持者の人民の想いは神様以上のものではないだろうか」と代弁し、薬師川氏も重い意見として捉えていたという。

薬師川氏に、毛沢東主席と習近平国家主席について、それぞれどういう認識を持っているのかを聞いた。薬師川氏は今でも、「現在国家主席として君臨する習近平は、太子党の世襲制の権力闘争で地位を奪った成り上がりの独裁者だ。だが、毛沢東は清朝を倒し、八路軍を指導し、「大長征運動」を完結し、封建社会から人民を解放した。農民に土地を与え、産業を奨励し、教育改革も行った。毛沢東主席は、中国が建国され、文化大革命以前までの呼称は『建国の父』だったが、人心にとっては神様以上の存在に違いなかったと思う。習近平とは、その業績において比べようはないが、権力基盤は強力で口には出せない神様であったと思う」と語った。

かつて、中国共産党の手足となって動いた日本人の元工作員、薬師川氏の貴重な証言を紹介したが、日中関係は現在、国交正常化前のとき以上の緊張関係にあるといっても過言ではない。台湾有事があるかないか、ではなく、いつあるのかと警戒が高まる中、日本国内における中国共産党の浸透工作、破壊活動への準備工作はむしろ、活発化しているとみておいた方が良い。当時と比べても在日中国人の数は七十四万人を超え、相当数の工作員や準工作員がその身分を隠して日本に入国している可能性が高いと考えるのは当然だ。

いま、日本人が真に警戒すべきは、軍備による国境の守りとともに、台湾有事に向けて蠢く中国共産党工作員と、それに呼応する内なる破壊工作者の企みである。

台湾有事は台湾で起こるのではない。札幌で、東京で、名古屋で、京都、大阪、博多という身近な都市圏や農村部のいたるところで起こり得ると銘記すべきである。

おわりに

「中国は超大国ではなく、将来もそうなることはない。中国が変質して超大国になるならば、すなわち、中国が覇権を求め、他国を侵略、圧迫、搾取するようになるならば、世界の人民は中国を帝国主義とみなし、それを暴露し、反対し、中国人民とともに打倒すべきである」

中国共産党政権の特質をよく表す二枚舌外交の真骨頂である。

一九七四年四月十日、米ニューヨークの国連本部を訪れた指導者、鄧小平氏は、居並ぶ各国首脳を前にこう、啖呵を切った。十年前に核実験に成功後、核大国の仲間入りを果たさんとしていた時期である。

それがどうだ。習近平国家主席は二〇二三年十一月、米カリフォルニア州で行われたバイデン米大統領との会談で、中国と米国で「地球を二分割」しようと呼び掛けている。十年前のオバマ米大統領との会談では、「太平洋の分割」を提案していた。

「地球二分割」発言は、米国に遠慮しつつも、中国が世界で覇権を目指していることを隠そうとしない彼の信念とみることができる。

現在の習近平政権を支え、体制側にいて「うま味」を享受している中国共産党関係者は、鄧小平氏の言葉をどう聞くのか。

国際社会にとって、二十一世紀の反社会勢力ともいうべき中国共産党政権の甘言に騙される日本の政財界や地方自治体関係者がいまだに大勢いる事実には眩暈すら覚える。

戦前、日本がやってきたことはすべて悪いことだった。自由や民主主義の敵だった——などと、戦後GHQ（連合国最高司令官総司令部）にレッテルを貼られ、未だに自虐史観から逃れられないでいるのである。

これを最大限に利用しているのが、歴代の中国共産党政権であり、それに便乗してきたのが子分格の歴代韓国政権である。日本人に贖罪意識を植え込むことで、未来永劫、道徳的に彼らに頭が上がらないように仕向ける狙いがそこにある。このことに気づかぬ振りをして私利私欲に走る企業や人物がいたとしたら、売国奴の名にふさわしい。逆説的だが、党中央への忠誠を誓う中国共産党が最も軽蔑する類の人間でもある。

中国共産党政権の狙いの根底には、「小日本」を中国中心の華夷秩序に取り込み、アジアの覇権国として日本を隷属させる思惑である。それは、戦狼外交官らが利用するSNSなどの発信をみても明らかだ。

ここで紹介するのも下品な物言いで憚られるが、例えば、中国の薛剣・駐大阪総領事などは本当に酷い。二〇二一年十月二十八日付のツイッター（現X）で、「台湾独立＝戦争。はっきり言っておく！中国には妥協の余地ゼロ」だそうである。

ロシア軍がウクライナに侵攻する二日前には、こう語っている。

「（略）中国に対して対立、対抗的、ひいては敵視的な態度をとることは、日本にとってく悪夢としか言いようがないと思います」

どこまで日本と日本人を愚弄すれば気が済むのか。外交上でいうペルソナ・ノン・グラータ（好ましからざる人物）である。日本政府は即刻ただき出すべきである。外交に関するウイーン条約上、国外追放する理由を説明する必要はない。日本政府が北京に気兼ねしてそれが出来ないというのなら、国会議員に声を上げてもらいたい。

日頃、保守や愛国を自称する自民党議員は何をやっているのか。声を上げたくても、目先の選挙や党幹事長室が怖くてそれができないというのなら、議員バッジをつけている意味を自問した方がよい。

作家の百田尚樹氏やジャーナリストの有本香氏、名古屋市の河村たかし市長らが日本保守党を立ち上げ、新党としては大変な支持を集めていることと、自民党のだらしなさは無縁ではない。旧来の自民党支持層、いわゆる岩盤保守層が愛想を尽かし、日本保守党に流れているとみるべきなのである。

河野洋平元衆院議長や福田康夫元首相ら、中国共産党の広告塔になり下がっている政治屋も恥を知るべきである。彼らの耳に心地よい言葉を並べ、中国人美女と記念撮影してやに下がっている姿は醜悪そのものだ。その記録はＳＮＳが残していてくれている。

日本人として、言うべきことも言わず、ただへらへら中国メディアのインタビューに応じる姿は、彼らから見て「役に立つ馬鹿」に過ぎない。自分では良いことをしていると思っているのだろうが、その実、相手に良いように使われている操り人形のことである。冷戦期に旧ソ連が西側協力者を蔑んで呼んでいた政治用語である。階級社会で内ゲバを繰り返して上り詰めてきた彼らは肩書と権力がこの上もなく大切であり、大好きである。どんなに呆けても、元衆院議長や元首相の肩書ほど使い勝手の良い道具はないだろう。日本では見向きもされない過去の人でも、中国の国内外ではそれなりに機能するからである。「日本の元首相もそう言っている」「元衆院議長もああ言っている」という風に。

さて、外からは軍事的、経済的、移民という人口的圧力を受けながら、中にあってはそれを手引きする勢力に囲まれ、それでも能天気に多様性とか多文化共生などと、きれいごとばかりを並べて済む時代ではなくなった。

本書は、目に見えない侵略への警鐘を鳴らし続けた『静かなる日本侵略』シリーズ（ハート出版）の六冊目となる。

過去、頭脳流出である千人計画や文化侵略の拠点として欧米で排除が進んでいる孔子学院、大阪や札幌における新たな中華街構想や上海電力によるメガソーラー建設という安全保障上の懸念、中国の巨大経済圏構想「一帯一路」の拠点として地方自治体が狙われていることの危険性、首都圏のチャイナ団地における地元住民との軋轢など、軍事的な挑発とは違って、時に笑顔でやってくる目には見えない脅威を取り上げてきた。

本書では新たに、中国による各種工作とは別に、埼玉県川口市の触法クルド人の問題や大分県日出町のムスリムによる土葬墓地建設問題についても取り上げた。近未来の日本の縮図がそこにあるからである。

移民の問題は、外国人の人権が絡むだけに、大手マスコミも言論人も政治家も、差別主義者のレッテルを貼られるのを恐れて正面から取り上げようとしない。そんな無責任な姿勢は、必ずや日本の将来に禍根を残す。

ひと握りの違法、触法外国人のせいで、圧倒的多数の善良な在日外国人が白い目で見られる社会は健全な社会とは言えまい。合法的であっても、大量移民の受け入れとなれば、国の根幹を揺るがす重大な問題に発展しかねないことは本書で述べた。地方自治体に任せるのではなく、政府の責任でしっかりと道筋を示すべきである。

二〇二四年は、一月早々に台湾総統選がある。米大統領選は十一月の投票だが、一月には共和党が従来通り中西部アイオワ州で大統領候補を選ぶ党員集会を実施し、民主党は南部サウスカロライナ州で予備選を実施する予定で、選挙戦の火ぶたを切る。三月には州がこぞって党員集会や予備選を行うスーパーチズデーがあり、大きな流れが出来上がる。二〇一六年三月のスーパーチューズデーでは、共和党のトランプ前大統領が七州以上で勝利して圧勝し、本選での勝利を引き寄せた。

ロシアによるウクライナ侵略や中東紛争に加え、米国や台湾などで政治が大きく動く二〇二四年は、日本にとっても正念場を迎える重要な年になるのは間違いない。

この局面にあって大切なことは、国防を論じ、景気を論じることだけではない。本書で取り上げた事実が示す通り、身近に迫る中国共産党による「静かなる侵略」に目を向け、日本全体を俯瞰する「鳥の目」と日常生活の視点を持った「虫の目」で日本の針路を考えていくことだ。

国際情勢はともかく、「虫の目」でいえば、本シリーズが五年以上も前から指摘してきた外国人移民や中国共産党による静かなる侵略にまつわる問題が、ようやく世間でも認知されてきたように思う。事実を知らなければ、問題意識を持ちようがない。この書が事実を知り問題を考えていく上で、少しでも読者の役に立てるのであれば、これに勝る喜びはない。

本書の刊行にあたっては、ハート出版の日高裕明社長による日々の情報提供や励ましがあった。前作に続いて編集の労をとっていただいた編集部の西山世司彦氏ら、同社のみなさまに対し、この場を借りて深く御礼申し上げたい。(了)

◇著者◇

佐々木類（ささき・るい）

1964年、東京都生まれ。

前産経新聞・論説副委員長。

早稲田大学卒業後、産経新聞に入社。事件記者として、警視庁で企業犯罪、官庁汚職、組織暴力などの事件を担当。その後、政治記者となり、首相官邸、自民党、野党、外務省の各記者クラブでのキャップ（責任者）を経て、政治部デスク（次長）に。

この間、米紙「USA TODAY」の国際部に出向。米国テネシー州のバンダービルト大学公共政策研究所 日米センターでは、客員研究員として日米関係を専門に研究した。

2010年、ワシントン支局長に就任後、論説委員、九州総局長兼山口支局長を経て、2018年10月より23年10月まで論説副委員長。

尖閣諸島・魚釣島への上陸、2度にわたる北朝鮮への取材訪問など、現場取材を重視する一方で、100回以上の講演をこなし、産経新聞はじめ、夕刊フジや月刊誌などへの執筆の傍ら、各種の動画でも活発な言論活動を展開中。

著書に『静かなる日本侵略』『日本が消える日』『日本復喝！』『チャイニーズ・ジャパン』『ステルス侵略』（ハート出版）、『日本人はなぜこんなにも韓国人に甘いのか』『ＤＪトランプは、ミニ田中角栄だ！』（アイバス出版）、『新・親日派宣言』（電子書籍）、共著に『ルーズベルト秘録』（産経新聞ニュースサービス）などがある。

移民侵略

令和6年1月16日　　第1刷発行

著　者　　佐々木　類
発行者　　日高　裕明
発　行　　株式会社ハート出版

〒171-0014 東京都豊島区池袋3-9-23
TEL03-3590-6077　FAX03-3590-6078
ハート出版ホームページ　https://www.810.co.jp

乱丁、落丁はお取り替えいたします（古書店で購入されたものは、お取り替えできません）。

ISBN978-4-8024-0171-5　　印刷・製本 中央精版印刷株式会社

静かなる日本侵略

中国・韓国・北朝鮮の日本支配はここまで進んでいる

尖閣諸島・魚釣島への上陸、北朝鮮への取材訪問など、すべてを自分の目で確かめてきた現役記者だから分かる、すぐそこに迫ったわが国の危機！

佐々木 類 著
ISBN978-4-8024-0066-4　本体 1600 円

日本が消える日

ここまで進んだ中国の日本侵略

「多文化共生」は「他文化強制」!?　武力を使わない“静かなる侵略”。このまま日本は中国の“自治区”となり、世界地図から消えてしまうのか――

佐々木 類 著
ISBN978-4-8024-0085-5　本体 1600 円

日本復喝！

中国の「静かなる侵略」を撃退せよ

今や、なりふり構わぬ「侵略者」と化した中国。ポスト・コロナ時代の「チャイナリスク」と、われわれ日本人は、どう立ち向かうべきなのか――

佐々木 類 著
ISBN978-4-8024-0104-3　本体 1500 円

チャイニーズ・ジャパン

秒読みに入った中国の日本侵略

日本を中国に売り渡す、「獅子“親中”の虫」は誰だ⁉
中国の日本侵略は「最終章」に入った――「日本人が人質になる日」は、すぐそこに迫っている！

佐々木 類 著
ISBN978-4-8024-0130-2　本体 1600 円